航空管理的发展与实践研究

秦 芃 著

图书在版编目（CIP）数据

航空管理的发展与实践研究 / 秦芃著． -- 哈尔滨：哈尔滨出版社，2023.3
 ISBN 978-7-5484-7103-5

Ⅰ．①航⋯ Ⅱ．①秦⋯ Ⅲ．①航空公司－企业管理－安全管理－研究 Ⅳ．①F560.6

中国国家版本馆CIP数据核字（2023）第049446号

书　　名：	航空管理的发展与实践研究
	HANGKONG GUANLI DE FAZHAN YU SHIJIAN YANJIU
作　　者：	秦　芃　著
责任编辑：	张艳鑫
封面设计：	张　华
出版发行：	哈尔滨出版社（Harbin Publishing House）
社　　址：	哈尔滨市香坊区泰山路82-9号　邮编：150090
经　　销：	全国新华书店
印　　刷：	廊坊市广阳区九洲印刷厂
网　　址：	www.hrbcbs.com
E－mail：	hrbcbs@yeah.net
编辑版权热线：	（0451）87900271　87900272
开　　本：	787mm×1092mm　1/16　印张：9　字数：200千字
版　　次：	2023年3月第1版
印　　次：	2023年3月第1次印刷
书　　号：	ISBN 978-7-5484-7103-5
定　　价：	76.00元

凡购本社图书发现印装错误，请与本社印刷部联系调换。

服务热线：（0451）87900279

前 言

航空企业本身运营存在非常大的难度，承担着非常大的责任。但目前，航空企业在质量管理过程中经常会出现各种问题。例如，未能建立全面有效的质量管理体系、质量管理目标不够明确、质量控制制度较为模糊、未能进行全面的信息记录等，甚至有很多航空企业工作人员不具备较强技术，因个人问题使航空产品出现各种质量问题。从航空企业目前运营情况分析来讲，以上叙述的各类问题都可能会导致产品质量出现各种问题，给人们生命及国家安全带来不同程度的危害，这类问题的处理是航空公司能否顺利发展的重要前提。

就目前情况来看，我国航空行业已成功设计并研制出多种机型，且各机型的性能与质量均达到甚至超越预定目标，由此可见我国的航空事业已取得了突飞猛进的发展。然而，由于我国的航空事业起步较晚，发展历程相对较短，航空项目管理方法的完善程度有待进一步提高，这对航空产品如飞机机型管理等质量的提高均有着直接影响，另外对提高飞机设计研制周期和投资利用效率等也有着重要影响。鉴于此，随着当前信息技术和科学技术的全面普及与日益深化的经济全球化程度，只有不断进行航空项目管理创新，才能实现快速高效地推进我国航空事业发展的目标。

通过整合世界航空项目管理的各种资源，进行专业化改革，并积极研究探索能够将航空产品设计、试制、实验等各环节进行高度融合的研制组织管理模式，推动设计实验的更新换代，以此为航空项目的设计和研制奠定坚实的基础。也就是说，结合航空产品从设计到投入使用的布局分工，对相关资源与业务进行企业内部和外部整合，以促进产品各个环节能够实现集中管理和运营，进而提高效率、缩短周期，实现规模化生产、增强市场竞争力的目标。

目 录

第一章 航空管理的发展 ……………………………………………………… 1
- 第一节 航空企业精细化管理 …………………………………………… 1
- 第二节 航空安全管理中的人为因素 …………………………………… 5
- 第三节 航空发动机维修质量管理 ……………………………………… 7

第二章 航空物流管理实践 …………………………………………………… 11
- 第一节 航空物流概述 …………………………………………………… 11
- 第二节 航空货物运输 …………………………………………………… 13
- 第三节 航空物流组织 …………………………………………………… 24
- 第四节 航空物流控制 …………………………………………………… 31
- 第五节 航空物流信息管理 ……………………………………………… 41
- 第六节 航空物流管理新动向 …………………………………………… 44

第三章 民航机组资源管理 …………………………………………………… 48
- 第一节 概述 ……………………………………………………………… 48
- 第二节 人为因素对 CRM 的影响 ……………………………………… 50
- 第三节 威胁与差错管理 ………………………………………………… 52
- 第四节 情景意识与飞行安全 …………………………………………… 54

第四章 民航质量全管理 ……………………………………………………… 56
- 第一节 民航维修质量与安全管理 ……………………………………… 56
- 第二节 民航无损检测质量管理 ………………………………………… 58
- 第三节 民航机场工程质量管理 ………………………………………… 61
- 第四节 民航 MRO 企业计量器具质量管理 …………………………… 64
- 第五节 民航弱电专业的质量管理 ……………………………………… 66

第五章 民航安全管理 ………………………………………………………… 70
- 第一节 民航安全管理面临的新挑战 …………………………………… 70
- 第二节 民航安全管理体系 ……………………………………………… 73

第三节 大数据与民航安全管理 ····· 78
第四节 SMS 的民航安全管理 ····· 82
第五节 民航安全管理的体制 ····· 84

第六章 民航档案管理 ····· 87
第一节 民航机场建设档案管理 ····· 87
第二节 民航档案资料的收集管理 ····· 90
第三节 民航干部人事档案数字化管理 ····· 92
第四节 新形势下民航专业档案管理 ····· 95
第五节 民航机场档案信息化建设 ····· 99

第七章 民航风险管理 ····· 102
第一节 民航运输企业财务风险管理 ····· 102
第二节 民航通信导航监视的风险管理 ····· 107
第三节 民航空中交通管制风险管理 ····· 111
第四节 民航通信导航监视的风险管理 ····· 116

第八章 航空公司运营管理实践 ····· 120
第一节 航空公司的运营环境与战略 ····· 120
第二节 航空公司服务与产品开发 ····· 122
第三节 航空公司生产决策与计划 ····· 126
第四节 航空公司的收益管理 ····· 129
第五节 航空公司的服务与质量控制 ····· 133

参考文献 ····· 137

第一章 航空管理的发展

第一节 航空企业精细化管理

随着当今国际航空企业的飞速发展,航空产品在机动性、高性能、多功能等方面日新月异,为了加快我国航空企业的快速发展,除了研发与创新之外,首当其冲要提升管理水平,细化管理,让文件说话,让规章权衡,让程序指挥,让流程实现。

一、精细化管理的含义和意义

所谓精细化管理,是以常规管理为基础,并对常规管理内容进行细化,从而实现管理所占用的资源减少、管理成本降低的一种管理方式。通过精细化管理,可以明确管理责任、实现质量精细化,从而满足现代化管理需求。而在航空企业中则要真正把精细化管理思想和作风贯穿所有的工作环节,逐步改变职工工作态度、工作方式、提高职工的职业素养和职业道德,用先进的管理理念和精细化管理事例教育职工,宣传、倡导零缺陷质量管理思想,使职工认识到自己是管理活动发挥效力的关键,从而牢固树立现代化管理意识,具备第一次就把事情做好、做正确的意识和能力,自觉将精细化管理理念渗透到具体的管理活动之中,减少资源损失,提高工作效率,确保各项计划有效实施。

二、航空企业精细化管理现状及问题

(一)不增值活动和浪费

不增值活动和浪费,即不产生增加价值的加工、方法、行为和计划;不能成为商品的材料、零件、部件、外购外协件、成品;生产产品所绝对必要的最少量的设备、原材料、零部件和工人(工作时间)外的任何东西。因此,它是精细化管理首先要治理的,在航空企业中,主要包括:生产过多或过早的浪费、等待的浪费、不合理加工的浪费、转运的浪费等。

（二）过分强调数据

航空企业管理者在做出决策前，需要一定的参考依据，而这些参考依据常常是以数字、数据形式来表现。但在航空企业精细化管理中，过分强调数据的重要性，使数据缺乏真实、有效性，不利于管理者做出正确的决策。

（三）工作效率不高和执行力不强

部分企业为了追求精细化，在实际的管理中，将一些可省略的步骤视为不可省略。此种情况在一定程度上增加了人员的劳动强度，降低了人员的工作效率，给企业的进一步发展带来了负面影响。另外，在企业实施精细化管理中，常常会设计一些管理细则，而在执行者方面却缺乏考虑，比如操作设计不合理、执行者能力不够等，使作为主要执行者的工作人员没有将细则落到实处，使得精细化管理没有发挥真正的效能。

三、航空企业实施精细化管理的对策

（一）目标任务的数量化

在传统的管理模式下，虽然对责任目标的考核也采取相应的量化的指标，但是，这种量化的指标往往缺乏系统性，甚至一些企业有重复应用的现象。如：某企业在给其营业部制定指标时，使用了始发收入这一指标，这种指标的应用如果从单一营业部的角度来看，似乎没有什么问题，但是，如果从企业整体来看，问题就产生了，各营业部为了完成自己的任务，会采取各种办法，不但与竞争对手竞争，甚至还会与企业内部其他营业部进行竞争。因此，在精细化管理模式下，目标任务的数量化，是基于企业整体竞争能力的数量化，它是从系统的角度出发，从企业战略的目标入手，进行逐层的分解与细化，并充分考虑各分、子公司或是营业部之间的关系与业务特点，制定不同的考核目标或是侧重点。如在航空货运服务领域，就有可能存在盈利的市场与支持的市场，如布局在我国的东南沿海地区的分、子公司或营业部，盈利能力较强，市场规模也较大；而布局在我国西北、西南地区的分、子公司或营业部，由于整体市场规模较小，决定了这些分、子公司或营业部只能是企业整个货运服务网络中的支持点（即以成本为中心），因此，企业在定任务时，应该充分考虑这种区域的差异性，分别以利润创造为中心或以成本控制为中心对分、子公司或营业部进行目标管理。

不过，需要说明的是，目标任务的数量化，目的就是要实现企业管理的标准化，权责的清晰化。因此，在实施精细化管理时，首先要尽可能地将各级管理人员的责任进行定量分解，明确职工的岗位职责；其次要对目标管理进行量化，对产量、进度、成本、利润各项经营指标，实行分级量化考核，乃至精细到每道生产工序或服务流程的量化；最后则是需要一个透明的、系统的、实时的信息收集渠道，保证任务完成的可监控性与最终绩效衡量的准确性。

(二) 服务管理的制度化

服务是对人的服务，管理是对人的管理，在很多时候，服务与管理具有很强随意性，如果不能很好地处理这种随意性，那么服务与管理的效率必然是低下的。精细化管理的思想就是追求高效率，而效率的实现又要求企业的服务与管理不应该是"人"的服务与管理，而应该是制度化的服务与管理。精细化管理思想要求的制度是一种系统化的、刚性化的制度。所谓系统化，指的是各项制度的制定与产生，应该是遵循层次化、差异化、程序化与权责一体化的要求进行规划与调整的，各种制度并不是孤立的，而是以企业服务与管理为主体形成一个有机整体。所谓刚性化，则是指制度一方面要成文成册，做到管理与查询的完整性；另一方面则要求制度的实施与执行是不折不扣的，做到奖惩分明。

在我国的一些机场，其服务与管理都通过了 ISO9000 的认证，但是，在实际服务与管理过程中，却不能有效地落到实处，一线的服务与管理人员并不了解质量标准的要求与约束，服务与管理缺乏标准，甚至出现与客户的冲突，导致机场服务与管理质量的低下，使旅客、货主、航空公司极度不满。但是，一到追究责任时，各种理由与推托成为基层管理人员，甚至是中层管理人员的头等大事，谁也不愿意承担相应的责任，结果就是该奖的不奖，该罚的也不罚，服务与管理质量低下的状态持续恶化，机场的业务量开始出现滞长，甚至是下降的趋势，企业的盈利能力与利润水平逐步降低，严重影响了企业的竞争能力。

(三) 服务流程的灵活化

航空运输服务是一个多企业、多主体的链条，如何保证这个服务链条的质量与竞争能力，是企业服务管理的关键。在航空运输服务链中，不但有企业与企业之间服务链条的连接问题，也有企业内部部门与部门之间服务链条的连接问题。因此，在服务中要想保证高质量，就必然要求各企业、各部门之间能够有效地分工协作，密切配合，加强协调与沟通，这是精细化管理的根本要求。

于是，航空运输服务链的资源整合与战略联盟，成为当前航空运输企业参与市场竞争的主要战略。尤其是航空货运领域，无论是快递公司，还是传统的货运公司，或是物流综合运营商，都非常注重整合资源与战略联盟的构建。以我国市场为例，根据我国加入 WTO 的相关承诺，从 2005 年起，允许外国企业在我国成立地面物流公司，建立地面物流网络与基地。正因如此，UPS、FedEx、DHL、TNT 等国际航空快递巨头纷纷加大了在我国的投资，加强地面物流网络布局。

早在 20 世纪 80 年代，这些国际快递巨头就开始了在我国的业务发展与布局。以

FedEx 为例，1988 年就与中外运合作成立了合资公司，只是业务开展状况一直不够理想。直到 1999 年，FedEx 开始与大田的合作，成立了大田联邦快递，随后的短短几年间，迅速完成了在我国三大经济圈：长江三角洲经济圈、珠江三角洲经济圈及首都经济圈的网络布局，形成了一个连接着 220 多个大、中型城市的航空快递地面物流网络，并且逐渐加大向中部地区的渗透。并且在我国法律政策壁垒消除之后，FedEx 就宣布出资购买大田集团的股份，成功实现在我国航空货运市场上的独立运营。无独有偶，UPS 也宣布出资 1.2 亿美元，买下其合作者中外运的股份，完成了在我国货运市场的独立网络布局。至此，这些快递巨头在我国都先后完成了由合资走向独资的资源整合的过程，实现了在我国航空货运业务的快速发展。

（四）财务管理的预算化

精细化管理的实施，除了在服务标准与管理制度上的精细化之外，还有一个重要的方面，就是财务管理的精细化。而财务管理的精细化，一是要实现财务管理的全面预算化。即，不但要继续实施以成本费用为基础、以现金流量为控制核心的全面预算管理，还要重点加强生产经营（服务）业务的预算管理。也就要将服务计划、后勤保障计划、资金计划，以及客户管理计划等细化分解到季度和月度，以增强预算的准确性。并且在此基础上，严格控制无预算资金的支出，杜绝计划外成本费用的发生。二是要进一步深入内部市场化建设。要重点围绕降低可控成本，细化分解指标，层层传递压力，推行全员目标成本管理，合理制定消耗指标和价格体系，划小核算单位，缩短考核周期，实现成本全过程、全方位的动态跟踪管理。三要切实加强可控性管理费用的控制。从国资委对国有企业的考核内容来看，可控成本，尤其是四项费用的控制是非常严格的。事实上，这种控制，就是要求企业在服务管理过程中，本着成本节约的精神，努力控制服务与管理过程中的各项费用支出，在保证客户服务质量的同时，降低客户服务与管理的成本。

当然，在我国航空运输企业的实践中，已有越来越多的企业意识到精细化管理的重要性，也在着手进行精细化的变革。但是，由于自身管理基础的薄弱，制度、标准、信息等缺乏统一性，难以在企业全面实施精细化管理，只能是在某一方面，如全面的预算管理、企业整体绩效考核管理等。不过，随着我国航空运输企业国际化步伐的加快，以及机场经营与管理职能的分离，全面精细化管理将很快会在航空运输企业得到全面的应用。

第二节 航空安全管理中的人为因素

我国经济发展推动了航空事业进步，航空运输成为交通物流领域的重要构成，安全问题也受到了广泛关注。航空安全管理是保障航空系统安全的重要措施，但是安全管理受到管理人员的影响，仍然存在一定安全问题。因此研究航空安全管理中存在的人为因素，对于优化航空安全具有重要作用。

一、航空安全管理中的人为因素

（一）员工业务能力

航空安全管理对于员工业务能力提出了更高的要求。飞机运行航线固定，安全管理人员要对飞行器安全运行状态及时掌握，并利用专业知识为飞机运行进行安全指导和管理。由于航空运输较为特殊，航空人员要在很长时间落实管理工作，如果员工管理经验或者业务水平不足，会增加出现安全事故的风险，管理人员需要采取有效措施加以处理，保障飞机安全运行。

（二）工作职责模糊

航空运输具备较强的针对性，且具有较高的风险系数，航空运输安全可以满足人们需要，保证飞机生命财产安全，航空管理人员要清楚了解员工重要责任，在使命感和责任感的督促下，提升工作质量。目前部分安全管理人员未认识到工作的重要性，还有人员抱着消极态度工作，责任意识薄弱。还有部分岗位工作责任不明确，一旦出现事故，无法界定安全责任。

（三）员工心理素质

航空安全管理是一项肩负重压的工作，管理人员要具备强大的抗压能力和心理素质。在航空管理中，如果管理人员心理素质较差，极容易出现指挥不当等情况，会造成工作失误，导致无法挽回的后果，给乘客人身安全带来严重安全威胁。即使采取了及时有效措施减少损失，仍然需要受到舆论谴责，社会舆论给安全管理人员造成巨大精神压力。长期处于高压状态，会造成管理人员容易出现心理健康问题，加剧了安全风险。

二、航空安全中人为因素的治理

针对航空安全运输之中存在的人为影响因素，需要采取对应的措施，及时消除人为因素的负面影响，这无论是对航空安全运输还是对人员自身的发展都有重要的推动作用。

（一）遏制航空安全人为因素出现的概率

第一，正确树立危险意识，让员工时刻注意自己执行没有确认的或者是一个不经意的疏忽都有可能导致人为性错误的出现，引发不可挽回的事故，造成航空公司的财产损失以及人员伤亡。第二，尽快针对安全飞行建立完善的法律制度、规章制度、条例体系等，制定对应的技术标准和操作章程等规章制度；制定对应的纠错措施与放错措施，并且提升其容错能力；努力培养员工敢于承担错误的基本能力，让员工具备纠错的基本意识。第三，在生产航空飞行器的环节，一切生产材料都应该满足飞行需求，并且需要通过科学的验证，确保原始数据、操作程序以及工艺流程都准确无误，满足相关的要求和标准。第四，明确员工的行为规范，在航空的运输与生产环节之中，飞机的维修以及飞行都需要按照既定的规定实施操作，要求员工必须遵守各项规章制度，并且在必要时可以选择强制性的措施，在长时间的严格管理与要求之下促使全体员工养成严谨的、优良的工作作风。第五，做好人为差错的调查与处理，找到引发差错的主要原因，通过补充和修订安全制度，确保管理人员对于部分可能高发的差错或者是差错发生的周期有一个大致的预见，这样才有利于预防措施的有效实施。

（二）创造优良的工作环境

考虑到航空管理本身属于高压、高危的工作，其对于管理人员的专业技术能力、业务能力有着对应的要求，同时也需要管理人员本身拥有良好的心理素质，所以航空运输企业需要为航空管理人员创设一个相对愉悦、轻松的工作氛围，帮助其减轻工作压力，确保他们可以带着轻松的心情参与工作。另外，引导航空管理人员在日常的生活之中尽可能开展休闲娱乐活动，帮助缓解工作压力的影响，真正放松心情，更好地开展航空安全管理工作。

总而言之，在交通运输事业中，航空运输是其重要组成部分，在方便人们快速出行的同时提升经济发展水平。对于航空交通安全管理而言，人为因素作为重要的影响因素，必须得到人们足够的重视，并且要求相关的航空运输管理部门可以做好空管人员的业务培训，强调他们的工作职责，能够为其创设对应的生活环境和工作条件，以便全面提高人员工作质量，使其更好地服务于航空安全运输，最大限度降低航空安全事故发生率。

第三节　航空发动机维修质量管理

一、航空发动机维修质量管理概述

航空发动机是飞机的重要部件，其性能直接决定了飞机的飞行安全。而航空发动机是航空装备寿命管理中的重要环节，是航空发动机的关键技术之一。所以，航空发动机的维修也不同于普通行业的零部件维修，是一个特殊的维修行业。这种维修的特殊性对维修质量的管理提出了更高的要求，使质量管理具有以下几个方面的特点。

首先，维修可靠性要求高，航空发动机的每一个零部件和每一个部位出现问题都可能导致发动机系统的失效。因此，必须要保证维修的高度可靠性和安全性。其次，维修质量控制的不稳定性，这主要是由于航空发动机涉及多学科、多技术门类的维修，需要多型、并线的维修作业，这些将导致航空发动机维修过程的不恒定。最后，维修质量受人为因素的影响较大，航空发动机的复杂性使维修很难实现维修的自动化与智能化，这也使人工作业成为重要的作业形式，而维修人员会因为维修知识、体能精力等产生维修质量的差别，成为影响维修质量的重要因素。

维修质量管理体系是保证航空发动机维修工程拥有高质量的基本依托，维修质量管理体系主要包括三大部分：维修质量保证和审核系统、维修质量控制和分析系统、维修质量可行性评估系统。其中维修质量控制和分析系统是航空发动机工作具体过程的质量控制，是质量管理体系的核心，是保证维修质量的主要部分。

二、维修质量控制系统

（一）维修过程的质量控制

1. 维修人员能力控制

在质量控制方面，应该对维修人员实行严格管控。第一，由质量负责部门对一线的维修人员进行上岗前的资历审核，尤其要对维修重要部件的人员特别关注。第二，对各类人员进行能力评估，根据不同岗位对人员的要求，建立相对应的测评方法，定期对上岗人员开展能力测试，保证人员的能力达标。第三，建立人员质量档案，对人员的质量问题和质量奖惩进行备案，并以此衡量员工的绩效和晋升，从而约束员工的质量行为。

2. 工装设备控制

合适良好的工装设备是保证航空发动机维修质量的基础，应该从以下两个方面加强工装设备管理。第一，对所有的设备进行分类管理，将设备分为关键、重要和一般设备。对于关键设备和重要设备应重点关注，定期做风险评估和质量检测，并进行及时的维护。第二，应用先进的检测设备，从几何测量、无损探伤等方面开展高精度测量设备工程化的应用，减少产品维修队个人技能的依赖度。

3. 物资器材控制

物资器材主要是为主要生产过程提供原材料、设备以及备件，包括采购管理、供应商管理、库存管理等。采购管理和供应商管理关系到采购物资的质量、周期和成本，库存管理影响维修周期和生产的均衡。应从采购策略管理、供应商管理、库存管理等方面对供应链实施严格管理。

4. 技术文件控制

航空发动机的维修应该按照相应的维修手册和工艺规程等文件来维修，所以，这些技术文件在明确维修方法和验收标准上有决定性作用。在技术文件控制上应该做到以下几个方面：关键重要维修过程控制、工艺文件防差错控制、可视化控制。

（二）维修差错控制

在维修过程中，由于维修人员的差错而影响维修质量的问题已经成为引起维修差错的主要因素。因此，对人为差错应该分析其产生的原因，提出相应的控制及预防措施，来保证航空发动机的维修质量。

人为差错具有必然性、可积累性、突变性和隐蔽性等特点，将导致人为差错的原因大致分为与人有关的因素、与环境有关的因素、与组织管理有关的因素以及与产品有关的因素。这些因素与维修人员的知识技能、人员生理和心理、工作强度、管理制度、安全文化等有关。

三、保证航空发动机维修质量管理措施

（一）事前预防管理

为保证航空发动机维修质量管理措施的有效落实，相关技术人员应做好预防管理工作。首先，应对相关的故障实行联动管理措施，以提高维修处理工作的有效性，针对不同型号的发动机故障应综合利用计算机数据库管理系统，进行故障信息的对比，根据以往的预防管理经验，采取合理措施对具体的故障问题进行分析与处理，提升维护质量管理工作的实用性。基于联动管理措施的应用，航空发动机质量控制系统会将相应的故障信息发送到上级主管部门，由部门负责人对信息数据进行分析与整理，并根据实际情况，采取必要的联动管理措施。

其次，在航空发动机的维修质量管理实践中，应做好故障信息的记录与传递工作，以此保证事前预防工作的有效性。技术人员针对故障信息应采取逐级上报、分层审核的原则，在保证信息数据真实可靠的前提条件下，应根据统一的格式和书写要求，对相关信息做好记录与归档，为后期的维修技术选择提供理论依据，保证维修处理过程的连续性。

最后，为保证事前预防管理工作的有序开展，应对故障处理单位和具体工作人员的职责进行合理明确，根据相关的质量系统控制要求，做好管理职责的落实，提升发动机故障信息的处理效率。值得注意的是，在具体的质量控制工作中，由总质量师系统地对相关故障信息进行建档与管理，并对信息数据的进行跟踪与传递、归零操作管理，以此促进质量管理措施的有效落实。

（二）事中控制技术

发动机故障信息的事中控制技术主要包括两个方面，即挂账分级管理和故障清零操作。针对挂账分级管理工作而言，应根据发动机故障信息的严重程度，进行分级分层管理。在具体的维修质量控制工作中，应根据维修单位的实际要求，对现有的管理标准进行改进与创新，融入新的质量管理控制技术，促进航空发动机维修过程合理化。在开展挂账分级管理工作时，应采取账户管理的模式，并根据现有的信息结构，对相关维护措施进行建档分析，并以书面报告的形式向上级主管部门反馈维修质量控制情况。

针对发动机的故障清零工作，是在确保发动机故障信息得到合理解决后，将相关的故障信息处理数据进行清零的操作。一般情况下，清零过程受发动机故障管理水平的影响，当维修负责人员无法有效开展相关的维修措施时，不应对具体的数据信息进行归零设置，避免影响发动机维修管理分析系统的有效运行。当技术人员无法明确质量管理责任时，应由航空发动机总设计师负责确定，并采取合理措施，解决系统故障问题。

（三）事后处理措施

发动机的维修质量问题较为复杂，具体包括生产批次问题、严重事故原因和其他重大问题，相关问题对飞行安全管理控制工作具有深远影响。在发动机故障形成后，相关人员应具备快速反应能力，对问题的维修与改进工作保持高度的敏感性，并注重在实践环节积累维修管理经验，确保航空发动机维修质量控制措施的有效实行，针对不同类型故障的质量控制应采取合适的管理措施，以此，确保控制工作具有明显的针对性。

航空发动机的故障处理是质量控制工作的基础内容，相关人员应制定专业的月度运维管理处理报告，以制度文件的形式，对故障信息进行及时记录与反馈。同时，还应做好发动机的故障清查工作，进而有效梳理系统故障问题，保证质量管理控制工作的有效落实。总之,航空发动机的维修质量管理涉及多方面的因素,相关人员应综合利用基于航空发动机维修的信息管理系统与数据分析系统,提升维修质量控制水平,确保航空发动机性能安全。

综上所述,发动机的维修质量管理对飞行安全性具有重要的意义,提高维修技术、保证维修过程的合理化是飞机质量控制系统对整个维修过程提出的具体要求,因此,相关人员应注重采取事前预防措施、加强维修控制技术的应用,并及时做好发动机故障处理工作,以此提升航空发动机维修的质量标准。

第二章 航空物流管理实践

第一节 航空物流概述

一、航空物流的概念及发展概况

(一)航空物流的概念

航空物流是现代物流的五个子物流系统之一,与水路物流、公路物流、铁路物流和管道物流共同构成整个现代物流系统。参照国家标准《物流术语》(修订版)(GB/T 18354—2006)中物流概念的表述,航空物流可以定义为:以航空运输为主要运输方式,借助现代信息技术,在物品从供应地向接收地的实体流动过程中,根据实际需要将运输、储存、装卸搬运、包装、流通加工、配送、信息处理等基本功能有机结合起来,以满足客户需求的过程。

(二)航空物流的发展概况

航空物流是在20世纪20年代发展起来的。1903年12月17日,美国莱特兄弟设计的飞机试飞成功,标志着世界航空史的开始。1909年,法国最先开展了商业性航空运输,开始主要是运输旅客,随后出现邮件和军品运输,而后,航空运输在德国、英国、美国等国家相继出现并不断发展起来。

第二次世界大战中,飞机的质量、技术和规模得到迅速提高和发展。战后,大量军用飞机转为民用,各国大力发展航空工业,改进航空技术,航空货运量不断提高,极大地推动了航空货运的发展,逐渐形成了全球性航空货运体系。

航空货运速度快、节约资金、时间高效和全球性的特征保证了商品能抓住最佳价位时机进入市场,因此适用于生产周期短、对运输要求高的行业。这些行业普遍产业集中度高,技术、管理先进,有较强的使用社会化物流、供应链管理服务的意愿。航空物流不是一般的航空货运,也不能简单认为它是传统航空货运服务的延伸。它是以信息技术为基础,以客户需求为中心,结合企业的供应链管理,配合客户设计出以"一站式""门到门"服务为特征的一体化物流解决方案,为企业提供原材料和产品的供应、生产、运输、仓储、销售等环节,并结合成有机整体的、优质高效的、个性化综合物流服务。航空货运和航空物流前后相承,航空货运融入物流中,即触发了航空物流的兴起。

1949年11月2日,中国民用航空局(简称中国民航局)成立,翻开了我国民航事业发展的新篇章。1980年3月5日,中国民航局脱离军队建制,从隶属于空军改为国务院直属机构,实行企业化管理,为中国航空物流的发展奠定了有力的体制基础。中国航空物流从无到有,并在三十多年内迅速发展壮大,与中国民航的快速发展是分不开的,可以说中国民航的发展史就是中国航空物流的发展史。当前,伴随着世界经济的快速发展,航空物流度过了发育期,正步入快速成长期,中国航空物流也将汇入世界航空物流发展的滚滚洪流。

根据中国民航局发布的《2016年民航行业发展统计公报》显示:2016年,全行业完成运输总周转量962.51亿吨公里,比上年增长13.0%;国内航线完成运输总周转量621.93亿吨公里,比上年增长11.2%,其中港、澳、台航线完成15.43亿吨公里,比上年下降4.9%;国际航线完成运输总周转量340.58亿吨公里,比上年增长16.4%;全行业完成货邮周转量222.45亿吨公里,比上年增长6.9%;国内航线完成货邮周转量72.11亿吨公里,比上年增长7.7%,其中港、澳、台航线完成2.75亿吨公里,比上年下降3.4%;国际航线完成货邮周转量150.34亿吨公里,比上年增长6.5%;全行业完成货邮运输量668.0万吨,比上年增长6.2%;国内航线完成货邮运输量474.8万吨,比上年增长7.3%,其中港、澳、台航线完成22.0万吨,比上年下降0.6%;国际航线完成货邮运输量193.2万吨,比上年增长3.4%。

二、航空物流的特点

(一)快捷

航空物流采用飞机作为运送货物的主要工具,最大的特点就是速度快,如现代喷气式飞机,时速都在900km左右。在现代社会,市场竞争激烈,对于运输距离比较远或者对时间性要求较高的货物来说,航空物流的快速性可以缩短商品的库存期和周转期,加快资金流转的速度,这是增强商品市场竞争力的有效手段。鲜活易腐和季节性强的货物,如食品、水果、报刊、时装等,性质都比较特殊,对时间极其敏感,采用航空物流可以争取时间,有利于货物的保鲜成活和占有市场先机。这是其他物流运输方式所不具备的优势。

(二)高效

"航空式服务"几乎成了高标准服务的代名词,航空物流的高效性在许多方面均有所体现。如在保障物品的安全性方面，与其他运输方式相比，航空运输的管理制度比较严格、完善，且运输手续简单，运输中间环节较少，在运输过程中发生意外损失的可能性也就小得多，且现代运输机飞行速度快，运行平稳，商品的破损率也比较低。航空物流以其高效率和全球性的特征，在国际物流方面发挥着重要的作用。

（三）机动性强

航空运输是由飞机在广阔的空间进行的服务活动，较之火车、汽车或者船舶要循着蜿蜒曲折的铁路、公路或者航道行驶，受到线路严格制约的程度要小得多，在两地之间只要有机场和必要的通信导航设施就可以开辟航线，可以定期或不定期飞行，尤其对灾区的救援和供应、边远地区的急救等紧急任务，航空物流已成为必不可少的手段。

（四）资本技术密集

航空物流是一类资本、技术密集型的物流服务。航空物流所需的投资额巨大，无论是基础设施建设，还是设备及技术的进口，航线的开辟都需要大量的资金，且航空物流固定成本高，其固定成本在总成本中所占的比重也大大高于其他物流运输方式，这意味着航空物流存在一定的进入和退出的限制。航空物流对技术的要求也很高，尤其是科学技术的进步，对航空物流业提出了更高的要求，如网络订票系统、航空安全检测系统、航空飞行技术等，具有很高的技术壁垒。

（五）运营成本高

飞机的货物装载量小且受空间约束，并且航空物流又属于资金和技术密集型物流，投资大、飞行成本高。因此，与其他物流运输方式相比较，航空物流运营成本高。目前，航空物流常用于运送时间性较强的货物、邮件和行李。

第二节　航空货物运输

一、航空运输的营运方式

航空运输主要有四种营运方式，即集中托运、包机运输、班机运输和航空快件。

（一）集中托运

航空集中托运（Consolidation Transport）是指集中托运商（Consolidator）将发往同一方向的若干票单独发运的货物集中起来，作为一票货物交付给承运人，用较低的运价运输这些货物，类似于集装箱海运中的拼箱业务。货物运到目的港由分拨代理商

（Break-Bulk Agent）统一清关后，再分别将货物交付给不同的收货人。

集中托运有利于发挥规模优势、降低成本运价，增加了集中托运商的利润。依据航空运价随着货物计费重量等级的增加而逐级递减的规律，集中托运商一方面将货物集中起来托运，将各低等级计费重量的小货集中为高等级计费重量的大货向航空公司托运，并从航空公司处获取高等级计费重量大货的优惠运价。另一方面，将不同的轻泡货和重货合理搭配，在有限的容积内达到最大的载重量，从而降低了单位货物运输的费率。

航空集中托运的空运单据由集中托运商填开，空运单据上载有的发货人和收货人分别为集中托运商和分拨代理商，集中托运商的分运单上载有的收发货人才是真正的收发货人。

（二）包机运输

包机运输（Chartered Carrier Transport）亦称固定包舱，是指航空公司按照约定的条件和费率，将整架飞机租给一个或若干个包机人，从一个或几个航空站装运货物至指定目的地。根据货运量的大小又可以分成整架包机和部分包机。

整架包机即包租整架飞机，指航空公司按照与包机人事先约定的条件及费用，将整架飞机租给包机人，从一个或几个航空港装运货物至目的地。包机人一般要在货物装运前一个月与航空公司联系，以便航空公司安排运载和向起降机场及有关政府部门申请、办理过境或入境的有关手续。包机的费用采用一次一议的原则，随国际市场供求情况变化，包机运费按每一飞行千米固定费率核收费用，并按每一飞行千米费用的80%收取空放费。因此，大批量货物使用包机时，均要争取来回程都有货载，这样费用比较低，若只使用单程，则运费会比较高。

部分包机是指由几家航空货物运输公司或发货人联合包租一架飞机或者由航空公司把一架飞机的舱位分别卖给几家航空货物运输公司装载货物，适用于托运不足一整架飞机舱位，但货量又较重的货物运输。

（三）班机运输

班机运输（Scheduled Airline Transport）指具有固定开航时间、航线和停靠航站的飞机。通常为客货混合型飞机，货舱容量较小，运价较贵，但由于航期固定，有利于客户安排鲜活商品或急需商品的运送。

按照业务的对象不同，班机运输可分为客运航班和货运航班。前者，一般航空公司通常采用客货混合型飞机，在搭乘旅客的同时也承揽小批量货物的运输；后者只承揽货物运输，大多使用全货机。由于到目前为止国际贸易中经由航空运输所承运的货量有限，所以货运航班只是由某些规模较大的专门的航空货物运输公司，或一些业务范围较广的综合性航空公司在货运量较为集中的航线开辟。

（四）航空快件

航空快件业务（Air Courier），是指从事快件运输的航空货物运输代理与航空公司合作，将进出境的货物或物品从发件人所在地通过自身或代理网络以最快速度运达收件人的一种快递运输方式。

从收运范围看，航空快件以收运文件和小包裹为主，包括贸易合同、货运单据、银行票据、小件资料、样品、礼品、小零配件等；从运输和报关单据看，航空快件的报关单据简单，运输单据完整，交付凭证（Proof of Delivery，POD）相当于航空货物运输中的分运单且有收货人签收联，但其作用比分运单更多；从服务质量看，航空快件运输有完善的快递网络，因有专人负责而减少了交接环节，运送速度快于普通航空货物运输和邮递业务，航空快件在整个过程中处于电脑监控之下，有收货人签字的交付凭证方式使收、发货人都感到安全、可靠。

二、航空货物运输合同

（一）航空运输合同的概念

航空货物运输合同是指航空运输承运人使用民用航空器，将货物从起运点运输到约定地点，由托运人或者收货人支付货款或者运输费用的合同。它的法律依据是《中华人民共和国合同法》《中华人民共和国民用航空法》《中国民用航空货物国内运输规则》《中国民用航空货物国际运输规则》以及相关的国际公约等。

《中国民用航空货物国内运输规则》规定："承运人（Carrier）是指包括接受托运人填开的航空货物运输单或者保存货物记录的航空承运人，和运送或者从事承运货物或者提供该运输的任何其他服务的所有航空承运人；代理人（Agent）是指在航空货物运输中，经授权代表承运人的任何人；托运人（Shipper）是指为货物运输与承运人订立合同，并在航空货物运输单或者货物记录上署名的人；收货人（Consignee）是指承运人按照航空货物运输单或者货物运输记录上所列名称而交付货物的人；托运人托运声明书（简称托运书）（Shipper's Letter of Instruction，SLI）是指托运人办理货物托运时填写的书面文件，是据以填开航空货物运输单的凭据；航空货物运输单是由托运人或者托运人委托承运人填写的，是托运人和承运人之间为在承运人的航线上承运货物所订立合同的证据。"

（二）航空货物运输合同的特点

（1）航空货物运输合同是标准合同。

航空货物运输合同又称格式合同，包含大量格式条款，合同的形式和条款基本上都是由承运人依据法律、行业惯例、经营需要单方预先制定的,国家对这些条款要加以审核,既要保护航空运输企业的利益,又要保护托运人的利益,这体现了国家对航空货物运输合同的监管和控制。因此,航空货物运输合同具有标准合同的性质。

(2)航空货物运输合同是双务、有偿合同。

航空货物运输合同对合同双方的权利和义务都做了详细的规定,例如,托运人应当认真填写,对托运书内容的真实性、准确性负责,并在托运书上签字或者盖章;承运人应当根据运输能力,按货物的性质和急缓程度,有计划地收运货物,届时,应当查验托运人的有效身份证件,凡国家限制运输的物品,必须查验国家有关部门出具的准许运输的有效凭证。这些都体现了航空运输合同的双务性。

托运人应按国家规定的货币和付款方式交付货物运费,除承运人与托运人另有协议者外,运费一律现付,即托运人需为其得到的运输服务支付报酬,同时,承运人可以收取地面运输费、退运手续费和保管费等货运杂费。这体现了航空运输合同的有偿性。

(3)航空货物运输合同是诺成合同。

诺成合同又称不要物合同,指仅以当事人意思表示一致为成立要件的合同,即合同自当事人双方意思表示一致时即可成立。航空货物运输合同以托运人交付货物作为承运人履行合同义务的条件,若承运人没有按约定向承运人交付货物,承运人不需承担履行合同的义务。

(三)航空货物运输合同的订立、原则及内容

(1)航空货物运输合同的订立。

《航空货物运输合同实施细则》规定:"托运人填写的货物托运单经承运人接收,并由承运人填写货运单后,航空货物运输合同即告成立。"此外,托运人要求包用飞机运输货物,应填写包机申请书,经承运人同意接受并签订包机运输协议书后,航空包机货物运输合同即告成立。

(2)航空货物运输合同订立的原则。

① 合法规范的原则。订立航空货物运输合同,要遵守国家法律法规的规定,不得损害国家利益和社会公众利益。根据《航空货物运输合同实施细则》的有关规定,托运人利用航空运输方式运送货物时,承运人有权要求托运人填写航空货物运输单,托运人应当向承运人填交航空货物运输单,并根据国家主管部门规定随附必要的有效证明文件。托运人应对航空货物运输单上所填写内容的真实性和正确性负责。② 平等互利的原则。不管是承运人、托运人还是收货人,在享受权利之前必须履行一定的义务,其在法律地位上是完全平等的。同时,条款的拟定必须公平合理,有利于谈判各方目标的实现,使各方利益都能得到最大程度的满足。如承运人应按照货运单上填明的地点,按约定的期限将货物运达到货地点。货物错运到货地点,应无偿运至货运单上规定的

到货地点，如逾期运到，应承担逾期运到的责任。而托运人托运货物，应按照民航主管机关规定的费率缴付运费和其他费用。除托运人和承运人另有协议外，运费及其他费用一律于承运人开具货运单时一次付清。同时，收货人应及时凭提货证明到指定地点提取货物。

（3）航空货物运输合同的内容。

航空货物运输单是航空货物运输合同订立和运输条件以及承运人接收货物的初步证据。航空货物运输单上关于货物的重量、尺寸、包装和件数的说明具有初步证据的效力。除经过承运人和托运人当面查对并在航空货物运输单上注明经过查对或者书写关于货物的外表情况的说明外，航空货物运输单上关于货物的数量、体积和情况的说明不能构成不利于承运人的证据。

航空货物运输单的内容由国务院民用航空主管部门规定。航空货物运输单至少应包括：出发地点和目的地点；出发地点和目的地点均在我国境内，而在境外有一个或者数个约定的经停地点的，至少注明一个经停地点；货物运输的最终目的地点、出发地点或者约定的经停地点之一不在我国境内的，货运单上应载明所适用的国际航空运输公约的规定，并明确载明有关的声明。

（四）航空货物运输合同各方当事人的责任

（1）托运人的责任。

根据《航空货物运输合同实施细则》第3~11条规定，托运人的责任主要有以下两项。

① 托运人有提供办理货物进出口手续的相关文件的责任。托运人应认真填写航空货物运输单，对货运单内容的真实性、准确性负责，并在货运单上签字或者盖章。托运人托运政府规定限制运输的货物以及需向公安、检疫等有关政府部门办理手续的货物时，应当随附有效证明。

托运人要求包用飞机运输货物，应先填写包机申请书，并遵守民航主管机关有关包机运输的规定。

托运人对托运的货物，应按照国家主管部门规定的标准包装，没有统一标准的，应当根据保证运输安全的原则，按货物的性质和承载飞机等条件包装。凡不符合包装要求的，承运人有权拒绝承运。

托运人必须在托运的货件上标明发站、到站，以及托运人单位、姓名和详细地址，按照国家规定标明包装储运指示标志。

托运国家规定必须保险的货物时，托运人应在托运时投保货物运输险。对于每千克价值在10元以上的货物，实行保险与负责运输相结合的补偿制度，托运人可在托运时投保货物运输险，具体办法另行规定。

托运人在托运货物时，应接受航空承运人对航空货物运输单进行查核，必要时，托运人还应接受承运人开箱进行安全检查。

托运货物内不得夹带危险物品，以及国家禁止运输和限制运输的物品。如发现托运人谎报品名夹带上述物品，应按有关规定处理。

托运在运输过程中必须有专人照料、监护的货物时，应由托运人指派押运员押运。押运是对货物的安全负责，并遵守民航主管机关的有关规定，承运人应协助押运员完成押运任务。

托运人托运货物，应按照民航主管机关规定的费率缴付运费和其他费用。除托运人和承运人另有协议外，运费及其他费用一律于承运人开具货运单时一次付清。

托运人必须提供货物运抵目的地时交给收货人办理进境手续的资料或者文件，托运人必须将这些文件附在航空货物运输单的背面，因没有此种资料、文件或者此种资料文件不充足，又或者不符合规定，对承运人造成的损失，托运人应当对承运人承担责任。除是承运人、其受雇人或者其代理人的过错造成的以外，承运人没有对此种资料或文件的正确性或充足性进行检查的义务。资料文件包括发票、装箱单、进出口许可证、配额证明、动植物检疫证明等。

② 托运人有遵守货物进出口国家（地区）政府有关规定的责任。托运人除应提供上述必要的资料或文件外，还必须遵守一切适用的法律以及始发地、目的地、经停地的任何国家（地区）适用的法律和政府规定，包括关于包装、运输和交付的规定。如果托运人未遵守有关国家（地区）政府的相关规定，而对自身造成损失或费用支出的，承运人不承担责任；而由于托运人未遵守政府的规定，给承运人造成的损失或费用的支出，托运人应当赔偿承运人。

（2）承运人的责任。

根据《航空货物运输合同实施细则》第12～15条规定，承运人主要承担以下责任。

① 在规定时间、规定地点以规定方式交付货物。承运人应按照货运单上填明的地点，按约定的期限将货物运达到货地点。货物错运到货地点，应无偿运至货运单上规定的到货地点，如逾期运到，应承担逾期运到的责任。

承运人应于货物运达到货地点后24小时内向收货人发出到货通知。收货人应及时凭提货证明到指定地点提取货物。货物从发出到货通知的次日起，免费保管3日。货物从发出提货通知的次日起，经过30日无人提取时，承运人应及时与托运人联系征求处理意见；再经过30日，仍无人提取或者托运人未提出处理意见，承运人有权将该货物作为无法交付的货物，按运输规则处理。对易腐或不易保管的货物，承运人可视情况及时处理。

② 因发生在航空运输期间的事件，造成货物的毁灭、遗失或者损坏的，承运人应

当承担责任。承运人应按货运单交付货物。交付时,如发现货物灭失、短少、变质、污染、损坏时,应会同收货人查明情况,并填写货运事故记录。收货人在提取货物时,对货物状态或重量无异议,并在货运单上签收,承运人即解除运输责任。

③ 承运人对货物运输延误的责任。延误是指承运人没有按照合同约定的时间将货物运抵目的地。如果货物及时运抵目的地,但承运人没有及时向收货人发出货物到达通知也称为延误。

(3)收货人的责任。

收货人在接到提货通知后,应持提货证明或者其他有效证件在规定的时间内提取货物,逾期提取货物的,应当向承运人支付保管费。委托他人提货时,凭到货通知单和货运单指定的收货人及提货人的居民身份证或其他有效身份证件提货。如承运人或其代理人要求出具单位介绍信或其他有效证明时,收货人应予提供。

托运货物发生损失的,收货人最迟应在收到货物之日起10日内提出异议。货物发生延误的,收货人最迟应自货物交付或者处理之日起21日内提出异议。收货人应将所提异议写在运输凭证上或者另以书面提出。收货人未在上述规定期限内提出异议的,不能向承运人提起索赔诉讼,但承运人有欺诈行为的情形除外。

收货人提货时,对货物外包装状态或重量如有异议,应当场提出查验或者重新过秤核对。

收货人提取货物并在货运单上签收而未提出异议,则视为货物已经完好交付。

(五)航空货物运输合同的变更和解除

(1)航空货物运输合同的变更。

货物承运后,托运人可以按照有关规定要求变更到站、变更收货人或运回原发站。托运人对已承运的货物要求变更时,应当提供原托运人出具的书面要求、个人有效证件和货运单托运人联。要求变更运输的货物,应是一张货运单填写的全部货物。对托运人的变更要求,只要符合条件的,航空承运人都应及时处理,但如果托运人的变更要求违反国家法律法规和运输规定,承运人应予以拒绝。

承运人由于执行国家交给的特殊任务或气象等原因,需要变更运输时,应及时与托运人或收货人商定处理办法。对于托运人的指示不能执行的,承运人应当立即通知托运人,并说明不能执行的理由。承运人按照托运人的指示处理货物,没有要求托运人出示其所收执的航空货物运输单,给该航空货物运输单的合法持有人造成损失的,承运人应当承担责任,但不妨碍承运人向托运人追偿。

(2)航空货物运输合同的解除。

货物发运前,经合同当事人双方协商同意,或任何一方因不可抗力不能履行合同时,可以解除航空运输合同,但应及时通知对方。承运人提出解除合同的,应退还已收的运输费用；托运人提出解除合同的，应付给承运人已发生的费用。

（六）航空货物运输合同各方当事人的违约责任

（1）承运人的主要违约责任。

从承运货物起至货物交付收货人或依照规定处理完毕时止，货物发生灭失、短少、变质、污染、损坏的，如果是已投保货物运输险的货物，由承运人和保险公司按规定赔偿。除上述情况外，均由承运人按货物的实际损失赔偿。

如果托运人或收货人证明损失的发生确属承运人的故意行为，则承运人除按规定赔偿实际损失外，还要由合同管理机关处以造成损失部分10%~50%的罚款。

货物超过约定期限运达到货地点，每超过1日，承运人应偿付运费5%的违约金，但总额不能超过运费的50%，但因气象条件或不可抗力原因造成货物逾期运到的，可免除承运人的责任。

货物在航空运输中因延误造成的损失，承运人应当承担责任；但是，承运人证明本人或者其受雇人、代理人为了避免损失的发生，已经采取一切必要措施或者不可能采取此种措施的，不承担责任。

在货物运输中，经承运人证明，损失是由索赔人或者代行权利人的过错造成或者促成的，应当根据造成或者促成此种损失的程度，相应免除或者减轻承运人的责任。

（2）托运人的主要违约责任。

签订包机航空货物运输合同后，包机人因故要求解除合同时，应按规定交付退包费，并承担在此之前，承运人已经发生的调机等项的费用。

托运人未按照规定缴纳运输费用的，应承担违约责任。

因航空货物运输单上的说明和声明不符合规定、不正确或者不完全，给承运人或者承运人对之负责的其他人造成损失的，托运人应承担赔偿责任。

托运人在托运货物内夹带、匿报危险物品，错报笨重货物重量或违反包装标准和规定，而造成承运人或第三者损失的，托运人应承担赔偿责任。

（3）收货人的违约责任。

由于收货人的过错，造成承运人或第三者的损失的，收货人应承担赔偿责任。收货人应在规定的期限内提取货物，逾期提取的，应向承运人支付保管费用和其他应付费用。

（4）航空货物运输的索赔时效。

托运人或收货人要求赔偿时，应在填写货运事故记录的次日起180日内，以书面形式向承运人提出，并随附有关证明文件。承运人对托运人或收货人提出的赔偿要求，应在收到书面赔偿要求的次日起60日内处理。

航空运输的诉讼时效时间为两年，自民用航空器到达目的地或者运输终止之日起计算。

三、航空货物运输的运价与费用

(一) 基本概念

(1) 运价。

运价(Rates)亦称费率,是指承运人对运输每一重量单位(或体积)货物向托运人所收取的自始发地机场至目的地机场的航空费用。货物运价是出发地机场至目的地机场之间的航空运输价格,只适用于单一方向,一般以千克或磅为单位,不包括其他额外费用,如提货、报关、接交货和仓储费用等。

(2) 运费。

根据适用运价率所得的发货人或收货人应当支付的每批货物的运输费用,称为运费(Transportation Charges)。

(3) 实际毛重。

实际毛重(Gross Weight)是指包括货物包装在内的货物重量。一般情况下对于高密度货物,实际毛重可能会成为计费重量。

(4) 体积重量。

按照国际航协的有关规则,将货物的体积按一定的比例折合成的重量,称为体积重量(Volume Weight)。由于货舱空间体积的限制,一般对于低密度的货物,体积重量可认为是其计费重量。体积重量的折算以最长、最宽、最高的三边的厘米长度相乘计算,长、宽、高的小数部分按四舍五入取整。国际航空货物运输组织规定换算标准为每7 000立方厘米折合1千克,我国民航规定的换算标准为每6 000立方厘米折合1千克。

(5) 最低运费。

航空公司办理一批货物所能接受的最低运费(Minimum Charges)。

(二) 运价的分类

(1) 根据运价制定的途径分为协议运价和国际航协运价。

协议运价是指航空公司与托运人签订协议,托运人保证每年向航空公司交运一定数量的货物,航空公司则向托运人提供一定数量的运价折扣。

国际航协运价是指IATA运价,是IATA在TACT运价资料上公布的运价。国际货物运价使用TACT的运价手册(Tact Rates Book),并遵守国际货物运输规则(Tact Rules)。

(2) 根据运价公布的形式分为公布直达运价和非公布直达运价。

公布直达运价是指承运人在运价手册上对外公布的运价,包括普通货物运价、指定商品运价、等级货物运价、集装货物运价。

非公布直达运价是指承运人未在运价手册上对外公布的运价,包括比例运价、分段相加运价。

（三）计费重量

计费重量一般采用货物的实际毛重与体积重量中比较高的那项；但当货物按较高重量分界点的较低运价计算的航空运费较低时，则以较高重量分界点的货物起始重量作为货物的计费重量（Chargeable Weight）。

（四）运费计算

运费计算通常按以下步骤进行。

第一步：计算出航空货物的体积（Volume）及体积重量。

第二步：体积重量的折算，换算标准为每6 000立方厘米折合1千克。

第三步：计算货物的总重量（Gross Weight），总重量＝单个商品重量×商品总数。

第四步：比较体积重量与总重量，取大者为计费重量。根据国际航协规定，国际货物的计费重量以0.5千克为最小单位，重量尾数不足0.5千克的，按0.5千克计算，0.5千克以上不足1千克的，按1千克计算。

第五步：根据公布的运价率，找出适合计费重量的适用运价率（Applicable Rate）。

第六步：计算航空运费（Weight Charge），航空运费＝计费重量×适用运价率。

第七步：若采用较高重量分界点的较低运价计算出的运费比第六步计算出的航空运费低，则取前者。

第八步：将第七步计算出的航空运费与最低运费M做比较，取高者。

（五）主要的航空货物运价率

（1）公布的航空货物运价率。

公布的航空货物运价率有以下四类。

① 普通货物运价率（General Cargo Rate，GCR）又称一般货物运价率，是为一般货物制定的，仅适用于计收一般普通货物的运价。

普通货物运价率，以45千克作为重量划分点，45千克（或100磅）以下的普通货物运价，运价类别代号为"N"。国内航空货物运输建立45千克以上、100千克以上、300千克以上三级重量分界点及运价，重量分界点运价类别代号为"Q"。当一个较高的起码重量能提供较低运费时，则可使用较高的起码重量作为计费重量。

② 等级货物运价率（Class Cargo Rate，CCR）指适用于规定地区或地区间指定等级的货物所适用的运价。等级货物运价是在普通货物运价的基础上增加或减少一定百分比而构成的。

等级运价加价，运价代号"S"，按45千克以下的普通货物运价的1.5~2倍计收；等级运价减价，运价代号"R"，按45千克以下的普通货物运价的50%计收。

③ 特种货物运价（Specific Cargo Rate，SCR）又称指定商品运价，运价代号"C"，自始发地至指定的目的地而公布的适用于特定商品、特定品名的低于普通货物运价的某些指定物品的运价。

④ 起码运费，类别代号"M"，是指航空公司承运一批货物所能接受的最低运费。不论货物的重量或体积大小，当运价少于起码运费时，就要收取起码运费。

（2）非公布的直达航空运价率。

① 比例运价（Construction Rate）。在运价手册上除公布的直达运价外还公布一种不能单独使用的附加数，即比例运价。当货物的始发地或目的地无公布的直达运价时，可采用比例运价与已知的公布的直达运价相加，构成非公布的直达运价。

② 分段相加运价（Combination of Rate）。在两地间既没有直达运价也无法利用比例运价时可以在始发地与目的地之间选择合适的计算点，分别找到始发地至该点、该点至目的地的运价，两段运价相加组成全程的最低运价。

（六）声明价值附加费

根据法律规定，在国际航空运输过程中，承运人必须保证将货物安全、正点、完整地运至目的地。在整个航空运输期间，货物因损坏、灭失、短缺或者延误而产生的任何损失，承运人均应负赔偿责任。

国内航空运输托运人托运的货物，毛重每千克价值在20元人民币以上的，可办理货物声明价值，按规定交纳声明价值附加费（Valuation Charge），每张货运单的声明价值一般不超过50万元人民币，已办理托运手续的货物要求变更时，声明价值附加费不退。

国内航空运输声明价值附加费的计算方法为：[声明价值 − (实际重量 × 20)] × 0.5%。

国际航空运输中，当货物价值大于17SDR/kg（SDR是Special Drawing Rights的缩写，即特别提款权）时，货主可以声明价值。承运人的责任限额为超过责任限额17SDR/kg部分价值的0.75%。

国际航空运输声明价值附加费 =（声明价值 − 每千克毛重赔偿限额 × 毛重）× 0.75%。

（七）其他附加费

除了航空运费和声明价值附加费以外的其他附加费用（Other Charge），包括地面运费、燃油费、运费到付手续费等。其他附加费一般只有在承运人或航空货物运输代理人或集中托运人提供服务时才收取，例如：AC（Animal Container Fee），动物容器费；AS（Assembly Service Fee），集装服务费；AW（Air Waybill Fee），货运单费；FS（Fuel Surcharge），燃油附加费；各类手续费、杂项费等。

第三节 航空物流组织

中国航空物流业是一个正在发展的行业。新中国成立以来，根据中国建设社会主义不同历史时期的方针和路线，逐步建立和不断完善了中国航空物流管理机构。

一、中国民用航空局

中国民用航空局（Civil Aviation Administration of China，CAAC），简称中国民航局。根据《国务院关于部委管理的国家局设置的通知》（国发〔2008〕12号），设立中国民用航空局（副部级），属交通运输部管理。中国民用航空局是中华人民共和国国务院主管民用航空事业的国家机构，其前身为中国民用航空总局。中国民用航空局是中国政府管理和协调中国民用航空运输业务的职能部门，对中国民用航空事业实施行业管理。

（一）中国民用航空局的主要职责

在中国经济改革和对外开放以后的新时期，根据建设有中国特色的社会主义的总方针，中国民用航空局确立了新的职责。

① 研究并提出民航事业发展的方针、政策和战略；拟定民航法律法规——《中华人民共和国民用航空法》，经批准后监督执行；推进和指导民航行业体制改革和企业改革工作。

② 编制民航行业的长期发展规划；对行业实施宏观管理；负责全行业综合统计和信息化工作。

③ 制定保障民用航空安全的方针政策和规章制度，监督管理民航行业的飞行安全和地面安全；制定航空器飞行事故和事故征候标准，按规定调查处理航空器飞行事故。

④ 制定民用航空飞行标准及管理规章制度，对民用航空器运营人实施运行合格审定和持续监督检查，负责民用航空飞行人员、飞行签派人员的资格管理；审批机场飞行程序和运行最低标准；管理民用航空卫生工作。

⑤ 制定民用航空器适航管理标准和规章制度，负责民用航空器型号合格审定、生产许可审定、适航审查、国籍登记、维修许可审定和维修人员资格管理并持续监督检查。

⑥ 制定民用航空空中交通管制标准和规章制度，编制民用航空空域规划，负责民航航路的建设和管理，对民用航空器实施空中交通管制，负责空中交通管制人员的资格管理；管理民航通信、航行情报和航空气象工作。

⑦ 制定民用机场建设和安全运行标准及规章制度，监督管理机场建设和安全运行；审批机场总体规划，对民用机场实行使用许可管理；实施对民用机场飞行区适用性、环境保护和土地使用的行业管理。

⑧ 制定民航安全保卫管理标准和规章制度，管理民航空防安全；监督检查防范和处置劫机、炸机预案，指导和处理非法干扰民航安全的重大事件；管理和指导机场安检、治安及消防救援工作。

⑨ 制定航空运输、通用航空政策和规章制度，管理航空运输和通用航空市场；对民航企业实行经营许可管理；组织协调重要运输任务。

⑩ 研究并提出民航行业价格政策及经济调节办法，监测民航待业经济效益，管理有关预算资金；审核、报批企业购买和租赁民用飞机的申请；研究并提出民航行业劳动工资政策，管理和指导直属单位劳动工资工作。

⑪ 领导民航地区、自治区、直辖市管理局和管理民航直属院校等事业单位；按规定范围管理干部；组织和指导培训教育工作。

⑫ 代表国家处理涉外民航事务，负责对外航空谈判、签约并监督实施，维护国家航空权益；参加国际民航组织活动及涉民航事务的政府间国际组织和多边活动；处理涉香港特别行政区及澳门、台湾地区的民航事务。

（二）内设机构

根据上述职责，中国民用航空局设 16 个内设机构（副司局级）。

（1）综合司。

协助局领导处理日常政务工作，负责机关文电、会务、机要、档案、政务公开、保密、外事接待、新闻发布和信访等工作；承担重要文稿的起草工作。

（2）航空安全办公室。

组织协调民航行业系统安全管理工作；起草民航安全管理和民用航空器事故及事故征候调查的法规、规章、政策、标准及安全规划；综合协调民航飞行安全、空防安全、航空地面安全工作并监督检查安全工作部署的情况；组织协调国际民航组织安全审计及航空安全方面的国际交流合作事宜；组织民航事故调查员、航空安全监察员的专业培训和委任工作；指导民航行业安全教育培训和安全科技研究应用工作；综合管理民航行业航空安全信息，分析航空安全形势，发布安全指令、通报，提出安全建议和措施；按规定组织或参与民用航空器事故调查工作，指导民用航空器事故征候调查工作，监督检查安全建议落实情况。

（3）政策法规司。

组织起草民航行业发展综合政策；组织起草民航行业法律法规和规章立改废草案；指导民航行业行政执法工作并监督检查；承办相关行政复议和行政应诉工作；负责民

航监察员的基础法律知识培训、考核和证件管理工作；负责民航行业法律研究及其信息收集工作，指导民航企事业单位的法律工作；负责国际民航法律事务，开展对外法律交流；办理民用航空器所有权、抵押权、占有权和优先权的登记以及变更、注销工作，承担民用航空器国际利益登记的相关管理工作；负责民航行业体制改革工作和民航行业社团组织的管理工作；承办民航企业和机场联合、兼并、重组的审批和改制、融资的审核工作，受理民航企业、机场关于不公平竞争行为的投诉，维护民航企业、机场和公众合法权益。

（4）发展计划司。

起草民航行业规划、投资、外资、统计、价格、收费（不含行政性收费）以及节能减排的相关法规、规章、政策、标准，并组织实施；提出民航行业的发展战略、中长期规划以及与综合运输体系相关的专项规划建议，按规定组织编制和实施有关专项规划；承担民航固定资产投资和建设项目管理、行业价格、收费管理，组织协调航油供应保障、行业统计有关工作；审核购租民用航空器的申请；监测行业运行情况；指导民航行业节能减排工作。

（5）财务司。

提出民航行业经济调节、财税等政策建议，拟定直属单位财务管理和会计核算规章制度、管理办法，并组织协调实施；监测和分析民航行业经济运行和效益，提出应对措施；负责民航部门预算和决算；承担机关和直属单位的政府采购、财务资金管理、资产管理、监督检查和绩效考核工作；承担民航政府性基金有关工作；负责航空公司涉及安全运行的财务保障能力考核工作。

（6）人事科教司。

拟订局直属单位人事、劳动、教育、科技工作的规章制度，并组织实施；承担机关及直属单位的干部人事、机构编制、劳动工资管理工作；按权限承担直属单位的领导干部管理工作；组织拟订民航行业特有工种职业标准，组织开展民航行业职业技能鉴定工作；指导民航行业人才队伍建设、直属院校教育、行业培训、科技和信息化工作，组织重大科技项目研究，承担民航行业职业资格有关管理工作；承担民航安全监察专员的日常管理工作。

（7）国际司（港、澳、台办公室）。

起草民航对外合作政策，承办民航国际合作、外事和对外航空权利谈判工作，承办与港、澳、台合作与交流的有关事务；承办境外航空运输企业常驻机构及人员的审批工作。

（8）运输司。

起草民航运输、通用航空及其市场管理、危险品航空运输管理、运输服务质量管理、民航消费者权益保护的相关法规、规章、政策、标准，并监督执行；规范航空运输市场秩序，监督管理服务质量；承担航空运输企业及其航线航班的经营许可管理工作；负责机场地面服务机构的许可管理；拟订并实施内地与港、澳、台地区的航空运输安排；组织协调重大、特殊、紧急航空运输和通用航空任务；承担国防动员有关工作；负责危险品航空运输的监督管理；规范通用航空市场秩序。

（9）飞行标准司。

起草民航飞行运行、航空器维修、危险品航空运输和航空卫生政策及标准并监督执行，承担民用航空器运营人、航空人员训练机构及设备、民用航空器维修单位的审定和监督检查工作，承担民航飞行人员、飞行签派人员和维修人员的资格管理；负责飞行标准委任单位代表、委任代表、飞行标准监察员、局方委任代表的相关管理工作；审批机场飞行程序和运行的最低标准并监督执行；承担民用航空器型号合格审定中的运行评审工作，参与民用航空器的事故调查。

（10）航空器适航审定司。

起草民用航空产品以及民航油料、化学产品的适航审定管理以及相应环境保护的相关法规、规章、政策、标准，并监督执行；负责相关产品的生产许可审定、合格审定或适航审定；承担民用航空器的国籍登记工作；承担民航标准和计量有关的工作。

（11）机场司。

起草民用机场的建设、安全、运营管理政策和标准并监督检查；承担民用机场的场址、总体规划、工程设计审核工作，承担民用机场及其专用设备的使用许可管理工作；承担民航建设工程招投标、质量监督和相关单位资质管理工作，组织工程行业验收；承担民用机场应急救援、环境保护、土地使用、净空保护有关的管理工作；承担机场内供油企业安全运行监督管理的工作。

（12）公安局。

承担民航行业空防安全监督管理工作；起草民航安全保卫管理的政策和标准，审核民航企事业单位的航空安全保卫方案并监督执行；指导防范和处置非法干扰民航事件，承担处置劫机、炸机事件的综合协调和日常工作；指导和监督民航安全检查和空中安全保卫工作；组织、指导民航专机安全警卫和刑事侦查工作，监督管理机场公安及消防救援工作；管理直属公安队伍。公安局列入公安部序列，由中国民用航空局、公安部双重领导，党政工作以中国民用航空局为主，公安业务工作以公安部为主。

（13）空管行业管理办公室。

起草民航空管法规、规章、政策、标准和技术规范并监督执行；编制民航空管发展和建设规划并监督执行；承担民航空管单位的安全审计工作，指导民航空管系统的安全管理体系建设，负责民航空管运行安全的监督检查工作；拟订航班时刻和空域容量等资源分配政策，并监督检查执行情况；负责空中交通管制人员、航空情报人员、航空电信人员、航空气象人员资格管理和空管监察员的业务培训工作；负责民航空管设施设备的使用许可和开放运行许可管理工作，负责民航无线电台（站）址的审批、气象探测环境许可管理和民航无线电频谱的规划与管理工作等。

（14）直属机关党委（思想政治工作办公室）。

组织、指导局机关和直属单位学习马列主义、毛泽东思想、邓小平理论、"三个代表"重要思想、科学发展观、习近平新时代中国特色社会主义和党的路线、方针、政策；督促、检查局机关各部门和直属单位党组织贯彻局党组有关决定、指示和工作部署；负责局机关和直属单位领导班子思想政治建设；组织、指导局机关和直属单位党组织建设；负责局机关和直属单位思想政治工作、精神文明建设、党的宣传教育、干部出国政审和统战工作等。

（15）全国民航工会。

组织领导民航系统工会，贯彻落实党的路线、方针、政策以及中国民航工会全国委员会和常务委员会确定的工作任务和决定；参与涉及劳动关系、职工利益的政策、措施、制度的制定；指导民航企事业单位建立健全职工代表大会制度；组织和指导民航各级工会开展群众性安全生产、劳动竞赛、技能比武及合理化建议活动；组织开展"送温暖"工程，依法维护职工参加养老、医疗、失业、工伤和生育保险的权利。

（16）离退休干部局。

贯彻党中央、国务院有关离退休干部工作的方针、政策并具体组织实施；负责局机关离退休干部的管理，组织离退休干部学习、参加政治活动；负责局机关离退休干部经费管理、生活服务、文体活动、健康休养、医疗保健等工作。

此外，中国民用航空局还下设华北地区管理局、东北地区管理局、华东地区管理局、中南地区管理局、西南地区管理局、西北地区管理局和新疆管理局共7个民用航空地区管理局，负责对辖区内民用航空事务实施行业管理和监督。7个民航地区管理局根据安全管理和民用航空不同业务量的需要，共派出40个中国民用航空安全监督管理局，负责辖区内的民用航空安全监督和市场管理。

二、海关

海关，是国家的进出关境监督管理机关。《中华人民共和国海关法》（简称《海关法》）规定，国务院设立海关总署，统一管理全国海关。海关按照《海关法》和国家有关法律法规，在国家赋予的职权范围内自主、全权行使海关监督管理权，不受地方政府（包括同级党的机构）和有关部门的干预。

中华人民共和国海关是国家的进出境监督管理机关，实行垂直管理体制，在组织机构上分为3个层次：第一层次是海关总署（General Administration of Customs of the

People's Republic of China，GAC）；第二层次是广东分署，天津、上海 2 个特派办事处，42 个直属海关和 2 所海关院校（上海海关学院和中国海关管理干部学院）；第三层次是各直属海关下辖的 742 个隶属海关和办事处（含现场业务处）。中国海关现有关员（含海关缉私警察）近 6 万人，实行关衔制度。目前，共有国家批准的海、陆、空一类口岸 253 个，此外还有省级人民政府原来批准的二类口岸 200 个，通关监管点 4 000 个。

海关总署是中国海关的领导机关，是中华人民共和国国务院下属的正部级直属机构，统一管理全国海关。海关总署机关现内设 18 个部门、8 个在京直属企事业单位，管理 4 个社会团体（海关学会、报关协会、口岸协会、保税区出口加工区协会），并在布鲁塞尔、莫斯科、华盛顿以及中国香港等地设有派驻机构。

根据《海关法》，中国海关总署主要有以下四项职责。

（一）进出境监管

中国海关总署依照《海关法》规定，对进出境运输工具、货物、行李物品、邮递物品和其他物品进行监管。海关对进出口货物的监管是海关管理的重要组成部分，也是对外贸易管理的重要组成部分。根据《海关法》，海关对进出口货物实行分类管理。

① 对于少数统一经营和联合经营的进出口商品，海关根据进出口公司的经营权进行监督，即该公司是否为国家指定有权经营这类商品的外贸公司。

② 对于放开经营但实行许可证管理的进出口商品，凭对外贸易管理部门签发的许可证进行管理。

③ 对需进行法定检验、动植物检疫、药物检验、文物鉴定或者其他国家管制的货物，凭主管机构签发的证明文件进行管理。

总而言之，任何进出口货物在进、出关境时，都必须凭有关单据及证明文件办理报关手续。进口货物自进境起到办妥海关手续止，出口货物自向海关申报起到出境止，过境、转运和通运货物自进境起到出境止，应当接受海关监管。海关对进出口货物的监管过程分为申报、征税、查验和放行四个环节。目前，我国对于绝大多数商品不征收出口税，只对极少数原料、材料和半成品征收出口税。因此，目前出口货物通常只需经过申报、查验和放行三个环节。

2017 年，全国海关监管的主要进口货物有谷物及谷物粉 2 559 万吨、大豆 9 554 万吨、食用植物油 577 万吨、原油 41 957 万吨、成品油 2 964 万吨、煤及褐煤 27 090 万吨、天然气 6 857 万吨、铁矿石及其精矿 107 474 万吨、钢材 1 330 万吨、纸浆 2 372 万吨、原木及锯材 9 279 万立方米、固态废物（废塑料、废纸、废金属）3 961 万吨、铜及铜材 469 万吨、初级形状的塑料 2 868 万吨、汽车及汽车底盘 124 万辆、集成电路 3 769.9 亿个、二极管及类似半导体器件 5 172.5 亿个、液晶显示板 24 亿个、自动数据处理设备及其部件 50 588 万台，金属加工机床 88 656 台；全国海关监管的主要出口货物有水海产品 421 万吨、大米 119.7 万吨、中药材及中式成药 155 553 吨、稀土 51 199 吨、煤及褐煤 817 万吨、焦炭及半焦炭 809 万吨、原油 486 万吨、成品油 5 216 万吨、矿物肥料及化肥 2 416 万吨、塑料制品 1 168 万吨、陶瓷产品 2 343 万吨、鞋类 450 万吨、箱包及类似容器 310 万吨、钢材 7 543 万吨、未锻轧铝及铝材 479 万吨、贵金属或包贵金属的首饰 607 吨、电线和电缆 173.5 万吨、汽车及汽车底盘 104 万辆、船舶 8 013 艘、自动数据处理设备及其部件 154 208 万台、电动机及发电机 278 219 万台、二极管及类似半导体器件 2 954.9 亿个、集成电路 2 043.5 亿个、液晶显示板 19.3 亿个。

（二）征收关税和其他税

海关税收是国家财政收入的重要来源，也是国家实施宏观调控的重要工具。根据法律规定，中国海关总署除担负征收关税任务外，还负责对进口货物征收进口环节增值税和消费税。2017 年，全国海关税收净入库 18 967.81 亿元，比上年增长 23.26%，其中，关税 2 997.77 亿元，进口环节税 15 970.03 亿元，分别比上年增长 15.13% 和 24.92%。2017 年全国海关审价补税 210.29 亿元，同比增长 43.4%，补税 23.06 万宗，同比下降 30.13%，平均单宗审价补税 9.12 万元，同比增长 1.05 倍。2017 年全国海关实际审核减免税款 530.8 亿元，同比增长 11.2%，其中，支持科技创新、内外资鼓励项目、慈善捐赠、集成电路、远洋渔业和中粮储油等税收进口优惠政策项下减免税进口货值和减免税款增幅明显，进口货值同比增长 15.5%、75.1%、23.4%、15.7%、25.1%、58.1%，减免税款同比增长 14%、26.2%、25.5%、15.3%、21.2% 和 67.7%。随着减税降费力度加大，以及多边贸易体制下各项优惠贸易安排的逐步落实，2017 年，关税加权平均税率为 3%，下降 5%。受此影响，进口商品综合平均税率整体下降 2.2 个百分点（为 19.6%）。自 1980 年恢复征税以来，海关累计征税 7.43 万亿元，占同期中央本级财政收入的比重保持在 30% 左右。

（三）查缉走私

法律规定，海关是查缉走私的主管部门。中国海关总署为维护国民经济安全和对外贸易秩序，对走私犯罪行为给予坚决打击。我国实行"联合缉私、统一处理、综合治理"的缉私体制，海关在公安、工商等其他执法部门的配合下，负责组织、协调和管理缉私工作，对查获的走私案件统一处理。1999 年组建的海关缉私警察，是国家打击走私违法犯罪活动的主力军，按照海关对缉私工作的统一部署和指挥，负责对走私犯罪案件的侦查、拘留、执行逮捕、预审工作，综合运用刑事执法与行政执法两种手段严厉打击走私。2010 年，海关共立案侦办走私犯罪案件 1 360 起，案值 252.2 亿元，涉嫌偷逃税额 35.8 亿元；立案调查走私行为案件 1.2 万起，案值 41.1 亿元，涉嫌偷逃税额 3.7 亿元；立案调查违规及其他违法案件 6.2 万起，案值 347.2 亿元。当年，海关通过归类、审价、稽查补税 140.6 亿元。同时，全国海关坚决查缉毒品、文物、武器弹药、濒危动植物和反动、淫秽、盗版、散发性宗教宣传品等走私违法犯罪活动，积极配合有关部门开展打击骗汇、骗退税、制售假冒伪劣产品等经济犯罪的斗争，为维护国家经济安全和社会稳定做出了积极贡献。

（四）编制海关统计报表

根据《海关法》规定，编制海关统计报表是中国海关总署的一项重要业务。海关统计是国家进出口货物贸易统计，负责对进出中国关境的货物进行统计调查和分析，科学、准确地反映对外贸易的运行态势，实施有效的统计监督。中国海关总署按月向社会发布我国对外贸易基本统计数据，定期向联合国统计局、国际货币基金组织、世界贸易组织及其他有关国际机构报送中国对外贸易的月度和年度统计数据，数据发布的及时性居世界领先地位。中国海关总署定期编辑出版《中国海关统计》月刊和年鉴，积极为社会各界提供统计信息资料和咨询服务。

第四节　航空物流控制

一、航空物流成本控制

（一）航空物流成本概述

1. 航空物流成本的含义

航空物流成本是产品在实物运动过程中，如包装、装卸搬运、运输、储存、流通加工、航空物流信息等各个环节所支出的人力、财力、物力的总和，主要由人工费用、作业消耗、物品损耗、利息支出、管理费用等组成。

2 航空物流成本的构成

航空公司的显性成本在我国民航现行会计科目中，主要包括运输成本、销售费用、管理费用和财务费用，而隐性成本则是在相关财务报表上很难直接捕捉到的，却又在实际运营中占据着较大份额的费用。根据当前较为科学的研究，可以将决策成本、文化成本、飞机维修的可靠性成本、文件资料处理和管理制度成本等成本定义为隐性成本。然而，为了便于在实际操作过程中，特别是在财务成本上更直接地控制，又可以将航空物流成本构成主要分为航空燃油的成本，飞机拥有及维修成本，人员成本，机场、营业部、仓储基础建设投资的成本，航线结构成本和机队结构成本。

（1）航空燃油的成本。

航空燃油消耗是航空运输企业主要的成本构成要素，一般来说它随油价的变化而变化。由于国内航油供应体制具有高度垄断性的特点和近年世界范围内燃油价格上升，目前国内航油成本占航空公司总成本支出的30%左右。

（2）飞机拥有及维修成本。

飞机拥有成本包括对飞机所有权及使用权的成本。从机队的角度来分析，飞机维修成本被分为直接维修成本和非直接维修成本。直接维修成本包括针对机身、发动机和部件维修所需的人力成本和材料成本。非直接维修成本主要包括和行政管理、工程系统管理、质量控制等相关的管理成本，以及和工具、设备和厂房相关的成本。

（3）人员成本。

为了以最低的物流成本达到客户所满意的服务水平，在对物流活动进行计划、组织、协调与控制的过程中所花费的成本，如进行有关航空物流活动产生的差旅费、办公费，从事航空物流工作人员的工资、奖金及各种形式的补贴等都可以划归到人员成本中。根据2017年南方航空的财务报告显示，其职工薪酬成本为178.78亿元人民币，约占总成本的16%。

（4）机场、营业部、仓储基础建设投资的成本。

为了招揽业务，各航空公司在每个城市都开设或大或小的营业部，而营业部的开设会带来一连串成本的支出，如航空公司本部售票处和派驻国内外销售机构人员的工资、福利费、制服费、业务费、广告费、运输费、保险费、租赁费、票证印刷费、驻外交际费、差旅费、办公费、水电费，以及设备折旧费、维修费等。

（5）航线结构成本和机队结构成本。

航线、飞机是航空公司进行运输生产的最重要的资源，因此机队规划和航线规划是航空公司重要的战略决策。目前我国航空公司以大中型飞机居多，但中长航程的航线较少，而较小型飞机的折旧费用和维修费用都较高，使利润率低下，因此造成大型飞机飞中短程航线，导致极大的资源浪费。同时我国大部分航空公司机型繁多，这使资金和技术分散，维修费用也大幅增加，同时因为进口零部件的双重收费，也使中国民航公司成本增加。

3. 航空物流成本的分类

（1）按照成本的可控程度分为可控成本和不可控成本。

可控成本主要是指人们可以通过一定的方法使其按照所希望的状态发展的成本，分高度可控成本和不可控成本。

航空公司的不可控成本是指在相关范围内，与航空公司非可控因素相关的成本费用。如与非航空公司可控的航油价格相关的航空油料消耗，与航空公司非可控的购买飞机关税和增值税相关的飞机、发动机折旧费，经营性租赁费，高价周转件摊销，飞机发动机保险费，国内外机场起降服务费，电脑订座费等。

航空公司的可控成本是指在相关范围内，与航空公司的经营管理相关的成本费用。如工资、奖金、津贴和补贴、福利费、制服费、国内国际航线餐饮供应品费、飞行训练费、客舱服务费、其他直接和间接的运营费，以及管理费用、财务费用、销售费用中的很大一部分。

（2）按照成本的变动特性分为固定成本和变动成本。

固定成本指成本总额相对稳定、不受业务量的变化影响的成本，如主营业务成本中的空地勤人员工资、奖金、津贴及补贴（固定发放部分），以及计提的福利费、空地勤制服费、高价周转件摊销、飞机发动机折旧费、飞机发动机大修费、飞机发动机保险费、经营租赁费（指以月为计算单位的经营性租赁费，如果租赁协议中签订的租赁协议按飞行小时计收，则将其列入变动运输成本）、飞行训练费、其他固定发生的直接营运费、间接营运费。销售费用中除航空公司支付给代理人费用之外，还包括航空公司本部售票处和派驻国内外销售机构人员的工资、福利费、制服费、业务费、广告费、运输费、保险费、租赁费、票证印刷费、驻外交际费、差旅费，以及管理费用和财务费用等。

变动成本很大程度上是随着业务量变化而变化的，它是承载货物所发生的费用，包括仓储包装、装卸、配载等费用，如航空油料消耗、航材消耗件消耗、国内外机场起降服务费、国内国际航线餐饮及供应品费、电脑订座费、销售代理手续费和飞行小时费等。

（3）按照成本的支出方式分为航空物流成本和航空委托物流成本。

航空物流成本是指航空企业为其内部的航空物流活动支付的航空物流费用，如空地勤人员工资、奖金、津贴及补贴、福利费、制服费、航空油料消耗、航材消耗件消耗、高价周转件摊销、飞机发动机折旧费、飞机发动机修理费、飞机发动机保险费、经营租赁费、国内外机场起降服务费、国内外餐饮供应品费、飞行训练费、客舱服务费、行李货物邮件赔偿、其他直接营运费。航空委托物流成本是指企业将航空物流作业委托给他人所支付的航空物流费用，如对代理方使用委托方的货运单办理销售业务，委托方向代理方支付代理手续费，委托方根据国家有关部门的规定，以及代理方销售业绩、工作质量、航空货源、货运价等情况的变化，有权在国家规定的范围内，不需经代理方的同意，调整向代理方支付代理手续费的费率，代理方愿意接受委托方调整后的费率。

（二）航空物流成本的管理和控制

完整的物流成本应包括从原材料供应开始，直到商品送达消费者的全部物流费用。

由于物料、生产、商流等纵横交错，因此很难按照物流成本的本意完整地计算物流成本，应用企业会计的费用项目计算的物流成本，一般只能反映物流成本的一部分，大部分还隐藏在其他费用项目之中。物流问题应引起企业经营管理者的高度重视，物流管理的本质要求就是求实效，即以最少的消耗，实现最优的服务，达到最佳的经济效益。

1. 航空物流成本管理

（1）航空物流成本管理的含义。

航空物流成本管理是指有关航空物流成本方面的一切管理工作的总称。具体是指在从航空物流系统的设计直至航空物流结算的全过程中，对航空物流成本的形成进行有效的计划、组织、监督和调控。成本过高是我国民航业经营的主要问题。成本过高会使航空物流价格过高，从而使民航业市场份额和营业收入偏低。因此，我国对航空物流成本加强管理和控制势在必行。

（2）航空物流成本管理的目的。

企业物流管理的目的就是降低物流总成本，寻求降低物流总成本和增强企业竞争优势的有效途径。物流成本已经成为企业应对市场竞争和维护客户关系的重要战略决策资源，对物流成本的研究就是为了掌控这一战略资源。欧洲某专业机构的一项调查结果显示：在采购过程中通过价格谈判降低成本的幅度一般在3%～5%；通过采购市场调研比较，优化供应商平均可降低成本3%～10%；通过发展伙伴型供应商并对供应商进行综合改进可降低成本10%～25%，而供应商早期参与产品开发成本降低可达10%～50%。因此，航空物流企业应当运用系统化的方法，对物流成本进行控制，优化物流过程，完善物流途径，再造业务流程，恰当选择物流模式，在降低成本与提高服务之间寻求平衡点，在满足甚至高于客户要求服务水平的基础上寻求降低成本的方法。

（3）航空物流成本管理的意义。

航空物流成本管理的意义在于，通过对航空物流成本的有效把控，利用物流要素之间的效益背反关系，科学、合理地组织物流活动，加强对物流活动过程中费用支出的有效控制，降低物流活动中的物化劳动的消耗，从而达到降低物流总成本、提高企业和社会经济效益的目的。

2. 航空物流成本控制

控制是利用使系统能达到预期目标的一切手段来调节系统。物流成本控制，就是在物流过程中对物流成本形成的各种因素和形成条件按事先拟定的标准严格加以监督，发现偏差及时采取措施加以纠正，从而使物流过程中的各项资源的消耗和费用开支限制在标准规定的范围之内。物流成本控制的最终目的是降低物流企业的成本。

（1）运输费用控制。

航空燃油消耗是航空运输企业主要的成本构成要素，一般随油价的变化而变化。近年来，随着世界范围内燃油价格上升，国内航油成本占到航空公司总成本支出35%以上，已成为航空公司成本支出中最大的一项。同时，航油成本在航空运输企业成本构成要素中属于直接变动成本，与飞行时间高度相关，降低航油成本可直接降低航线保本点客座率和载运率，是航空运输企业控制成本、获取最大收益的重要环节。

加强运输的经济核算必须根据航线需要，认真分析，慎重决策，尽可能优化航线的布局。如采取轮辐式航线网络，因为该网络效率最高，飞机载运率大大提高，航空公司可以利用规模经济降低成本，提高飞机的利用率。尽可能选择同类节油型飞机，降低飞机运营成本，如东方航空公司安徽分公司现执管MD-90型飞机，比原来执管的MD-82型飞机性能优越，每小时节约油耗350升，每年节约航油成本约2 000万元。防止运输过程中的差错事故必须做到信息共享，尽可能减少非运输飞行时间。随着计算机网络系统在企业管理中的运用，航空公司生产经营各部门达到信息共享，可以同时将飞行保障、机务维护、商务信息以及航线损益资料加以综合分析利用，合理调度航班生产，从而大大提高了企业生产决策的科学性，最大限度地减少不创造收益的非运输飞行时间。

（2）储存费用的控制。

储存费用是指物质在储存过程中所需的费用。在企业经营过程的各个环节都存在储存，也就是说在企业的采购、生产、销售和售后服务过程中都存在储存。储存可以将各个环节联系起来，起到调节和润滑的作用。储存的原则是储存多、进出快、保管好、损耗小、费用省、保安全。储存多是指单位库房面积储存货物的数量合适，尽量提高仓库的利用率。进出快是指货物验收入库和出库要迅速、及时，方便用户，满足需要。保管好是指在库的物品数量要准确，质量要完好，养护要科学。损耗小是指要尽量地避免和减少在库货品的自然损耗和因工作失误而造成的损失。费用省是指要尽量节约仓库保管费等各项储存费用支出，努力降低保管费。保安全是指保证仓库设备、货物和人员的安全，防止发生火灾等一切灾害事故。

为提高航空物流周转的速度，必须加强仓储各种费用的核算和管理，降低储存费用。仓储成本的控制点在于简化出入库手续，提高仓库的有效利用和缩短储存时间等。控制方式主要有强化仓储各种费用的核算和管理。采用现代化的管理手段，使仓储管理信息系统形成严格的科学体系，操作上以作业机械设备为基础，采用条形码识别系统，减少工作人员的工作量和工作误差，提高工作效率。

（3）装卸搬运费用的控制。

任何商品，无论处于何种状态，只要对它进行包装、入库、运输、储存保管、配送或流通加工时，都需要搬运作业。装卸搬运是物流各环节的接合部，是连接储运的纽带，它贯穿物流的全过程。物品从生产到消费的流动过程中，装卸搬运作业是不可缺少的。装卸搬运并不直接创造价值，但装卸搬运的好坏影响着物流成本。因此，装卸搬运是物流系统的构成要素之一，是为采购、配送、运输和保管的需要而进行的作业。合理装卸搬运是提高物流效率的重要手段之一。

对装卸搬运费用的控制方式有：对装卸搬运设备的合理选择，根据企业生产、销售发展计划，分析使用不同搬运设备的成本差异，结合财务状况确定选用人力、半机械化、机械化、半自动化、自动化搬运设备；防止机械设备的无效作业、合理规划装卸方式和装卸作业过程，如减少装卸次数、缩短操作距离、提高被装卸物资纯度、消除无效搬运等。

（4）包装费用控制。

包装是指为了在流通过程中保护产品、方便储运、促进销售，按一定技术方法而采用的容器、材料和辅助物的总体名称。包装可分为商品包装和工业包装。商品包装的目的是便于消费者购买，也有利于在消费地点按单位把商品分开销售，并能显示商品特点，吸引购买者的注意，以扩大商品的销售。据统计，多数物品的包装费用约占全部物流费用的10%，有些商品特别是生活用品，包装费用高达50%。包装合理化关系到物流的效益和成本，应注意以下三个方面。

①从物流总体角度出发，用科学方法确定最优包装。包装合理化不但是包装本身合理与否的问题，而且是整个物流合理化前提下的包装合理化。装卸是影响包装的第一个因素，不同装卸方法要采用不同包装。例如，目前我国铁路运输，特别是汽车运输，还大多采用手工装卸，装卸人员专业素养较低，作业不规范会直接导致商品损失。

另外，包装的外形和尺寸要适合人工操作。因此，引进装卸技术、提高装卸人员专业素养、规范装卸作业标准等都会相应地促进包装、物流的合理化。保管是影响包装的第二个因素。在确定包装时，应根据不同的保管条件和方式而采用与之相适合的包装。运输是影响包装的第三个因素。不同的运送方式对包装有着不同的要求和影响。另外，输送距离的长短、道路情况等，对包装也有影响。

②防止包装不足和包装过剩。由于包装强度、材料不足等因素所造成的商品在流通过程中发生的损耗不可低估。我国每年因此而引起的损失达100亿元以上。另外，由于包装物强度设计过高，保护材料选择不当而造成包装过剩，必将造成物流成本的升高。这一点在发达国家表现尤为突出。

③不断改进包装，以适应现代物流标准，适应国际市场的要求。改进包装主要是朝采用单元货载系统化、包装大型化、包装机械化、节省资源的包装与拆装后的废弃物处理必须和社会系统相适应几个方面发展。

总之，选择包装材料时必须进行经济分析，运用成本核算降低包装费用，如包装的回收和旧包装的再利用，实现包装尺寸的标准化和包装作业的机械化，有条件时组织散装航空物流等。

（5）流通加工费用的控制。

流通加工是指产品从生产领域向消费领域的运动过程中，为了促进销售，提高物流效率，在保证产品使用价值不发生改变的前提下，对产品进行的加工。流通加工是一种辅助性的加工。流通加工的内容包括装袋、定量化小包装、挂牌、贴标签、配货、挑选、混装、刷标记、剪断、打孔、折弯、拉拔、挑扣、组装、配套以及混凝土搅拌等。有的流通加工通过改变装潢便能提升商品档次而充分实现其价值，有的将大综商品换成小包装而方便消费者，有的流通加工可使产品利用率提高20%～50%。可见流通加工是一种低投入、高产出的加工方式，往往通过这种简单的加工解决了大问题。对于流通加工费用的控制，必须把握以下几点。

①提高原材料利用率。利用流通加工将生产厂直接运来的简单规格产品，按照使用部门的要求进行集中下料。例如，将钢板进行剪板、切裁；钢筋或圆钢裁制成毛坯；木材加工成各种长度及大小的板、方等。集中下料可以优材优用、小材大用、合理套裁，有很好的技术经济效果。例如，北京、济南、丹东等城市对平板玻璃进行流通加工（集中裁制、开片供应），使玻璃的利用率从60%提高到85%～95%。

②进行初级加工，方便用户。对于用量小或临时生产需要产品的用户，因缺乏进行高效率初级加工的能力，依靠流通加工便可使这些用户省去进行初级加工的投资、设备及人力，从而搞活供应，方便了用户。目前发展较快的初级加工有将水泥加工成混凝土，将原木或板方材加工成门窗，冷拉钢筋及冲制异形零件，钢板预处理、整形、打孔等加工。

③提高加工效率及设备利用率。物流企业建立集中加工点后，有效率高、技术先进、加工量大的专门机具和设备，开展流通加工可提高加工效率及设备利用率。

二、航空物流质量

（一）航空物流企业全面质量管理概述

全面质量管理是一种现代的科学管理方法，是对从市场调查到销售服务的整个过程进行质量管理，依靠科学的理论、程序、方法和手段，把航空运输企业的生产、工作的全过程和全体职工都纳入质量第一的轨道，其质量特性主要表现为安全、及时、服务周到和经济，而且比其他物流部门有更高的要求。

1. 航空物流企业全面质量管理的要求

航空物流企业全面质量管理的基本要求如下。

①教育全体职工树立"人民航空为人民"的思想，增强质量意识和竞争意识。

②坚持"保证安全第一""以预防为主"的方针，进一步建立健全安全保证体系，确保空中和地面安全。

③运用全面质量管理的方法，结合专业技术，控制影响物流质量的各种因素。

④对运输质量进行定期的技术经济分析，提出改进措施。

⑤开展对客户的质量需求和服务质量改进分析，不断提高物流质量。

⑥掌握国家经济建设和人民生活的需要，了解国内外航空物流企业质量管理方法和水平，制订质量改进计划，改进和完善质量管理工作。

⑦航空物流企业推行全面质量管理，要与深化航空物流企业改革、开展双增双节、推进技术进步和组织航空物流企业升级活动等有机地结合起来。

2. 全面质量管理基础工作

全面质量管理的基础工作主要包括标准化、计量、定员定额、质量信息和质量责任制等。

标准化和计量是质量管理的重要基础，是衡量产品质量和工作质量的尺度。航空运输企业要根据国家和民航局的规定，建立标准化和计量管理制度，严格执行国家和民航局颁发的标准，逐步建立起包括技术标准、工作标准和管理标准在内的航空运输企业标准化系统。要按照国家的有关规定和民航局的要求，逐步完善各项计量、检测手段，完成计量的定级、升级任务。

要制定定员定额的管理制度，并严格管理。

要建立信息管理制度，切实加强原始记录和信息管理，严格进行质量信息收集、反馈和分析处理。

要在建立包括领导干部在内的岗位责任制的基础上，明确规定所属部门、单位、岗位在质量管理中的具体任务、责任和权限，形成严密、有效的质量责任制和考核制度。

（二）航空物流质量管理的原则

2000 版 ISO 9000 族核心标准新增加的非常重要的内容就是 8 项质量管理原则。它是新标准的理论基础，又是组织领导者进行质量管理的基本原则，对航空物流质量管理起着重要的指导作用。

1. 以顾客为关注焦点（中心）

顾客是"接收产品的组织或个人"，包括消费者、委托人、最终使用者、零售商、受益者和采购方、制造商、批发商、产品零售商或商贩、服务或信息的提供方等。"以顾客为关注焦点"，本质是以顾客的需求为关注焦点。顾客的要求是顾客需求的反映，包括明示的（明确表达的）、通常隐含的（虽然没有提出，但可以理解，双方有默契的）和应履行的（例如法律法规规定的）。组织应理解顾客当前的和未来的需求，满足顾客的要求并争取超越顾客的期望。顾客是每一个组织存在的基础，顾客的要求是第一位的，组织应调查和研究顾客的需求和期望，并把它们转化为质量要求，采取有效的措施使其实现。这个指导思想不仅领导要明确，还要在全体职工中贯彻。

伴随着贸易全球化进程的推进以及我国航空运输业的快速发展，航空物流产业正呈现出迅猛发展的态势。与此同时，航空物流市场竞争日趋激烈，市场需求方即客户所追求的价值出现了一系列新的特征。客户资源是航空物流企业最终实现交易并获得现金流入的唯一入口，是实现企业利润的唯一来源，是企业生存的基础。在此背景下，"以顾客为关注焦点"显得更为重要。在交易前航空物流企业必须及时满足客户需求；在交易中航空物流企业必须重视下订单的方便性、订单满足率、订单处理时间、平均运送时间、货损率、按时交货率、订单跟踪、灵活性等要素；在交易后重视订单完成率、退货或调换率、客户投诉率、客户投诉处理时间等因素，这些都是以顾客为关注焦点的反映。

2. 领导作用

按 2000 版 ISO 9000 族核心标准的规定，领导的作用主要是创造全员参与实现组织目标的环境。这里的"环境"指一般的工作环境和人文环境。因此领导要掌握有关质量的法律法规、质量成本的基本知识、质量管理的基本原则、质量管理体系及其审核。现在，许多航空物流企业面临诸如人员服务意识不强、增值服务少、效率不高、配送时间较长、支出较高、成本控制能力不足等问题。作为航空物流公司，在发挥领导作用方面必须建立质量方针和质量目标，确保关注顾客要求，建立和实施有效的质量管理体系，确保应有的资源，并随时将组织运行的结果与目标比较，根据情况决定实现质量、目标的措施，以及持续改进的措施。在领导作风上还要做到透明、务实和以身作则。

3. 全员参与

产品质量是组织各个环节、各个部门全部工作的综合反映。任何一个环节、任何一个人的工作质量都会不同程度地、直接或间接地影响产品质量。因此，应把所有人员的积极性和创造性都充分地调动起来，不断提高人员素质，使人人关心产品质量，人人做好本职工作，全体参与质量管理。只有全体职工充分参与，才能使他们的才干为组织带来最大的收益。所以要对职工进行质量意识、职业道德、以顾客为中心意识和敬业精神的教育，还要激发他们的积极性和责任感。只有经过全体人员的共同努力，才能生产出顾客满意的产品。

航空物流企业强调全员参与，即必须让每个员工参与质量管理，关心产品质量。必须让每个员工参与组织的各项管理活动，使他们与组织更加紧密地联系在一起，对组织产生认同感，从而热爱组织，使组织内部更加团结。而航空物流企业组织必须正确对待所有的员工，把员工视为组织最宝贵的财富，必须敞开员工参与的渠道，使员工能够将自己的意见和建议及时向有关领导或管理人员反映。必须给员工参与的机会，必须开展形式多样的群众性质量管理活动，例如质量自检、互检活动、QC 小组活动等。

4. 过程方法

2000 版 ISO 9000 族核心标准强调鼓励采用过程方法管理组织："本标准鼓励在奖励、实施质量鼓励体系以及改进其有效性和效率时，采用过程方法。"过程方法实际上是对过程网络的一种管理办法，它要求组织系统地识别并管理所采用的过程及过程的相互作用。过程方法的原则不仅适用于某些简单的过程，也适用于由许多过程构成的过程网络。

航空物流企业从事以空中货物位移为主的、衔接和参与陆运物流和水运物流的综合性物流服务，涉及运输、储存、装卸搬运、包装、流通加工、配送、信息处理等过程，具有快速、安全、准时的特点，同时又有分区域制定统一费率，按照不同重量等级、不同货物制定不同费率的特点。采用过程方法的原则要求航空物流企业简化过程，按优先次序排列过程，制定并执行，严格职责、关注接口、进行控制、改进过程，领导要不断改进工作的过程。

5. 管理的系统方法

针对设定的目标，识别、理解并管理一个由相互关联的过程所组成的体系，有助于提高组织的有效性和效率。这种建立和实施质量管理体系的方法，既可用于新建体系，也可用于对现有体系的改进。

中国的航空物流企业资源整合水平较低并且业务网络布局速度慢，尤其是海外网点建设的速度更慢，因此贯彻管理的系统方法原则是必须为质量管理设定方针目标，建立相应的组织机构，形成管理的组织体系，对质量管理体系进行系统管理，注意从根本上解决问题，不断考虑组织新的目标或新的发展战略。

6. 持续的质量改进

持续的质量改进是组织永恒的目标。特别是在当今世界，质量改进更是组织生命力所在，不能荒废。在质量管理体系中，改进指产品质量、过程及体系有效性和效率的提高，持续改进包括了解现状，建立目标，寻找、评价和实施解决办法，测量、验证和分析结果等活动。持续改进的根本目的是满足内部和外部顾客的需要，是针对过程进行的，其目的是提高过程的效率或效果，不断寻求改进的机会，而不是等出现问题再去找机会。

航空物流企业既不是传统意义上的航空货运企业，也不是一般人简单理解的传统航空货运服务的延伸，它是现代信息时代的新兴行业，其运营模式是以信息技术为基础，以客户需求为中心，结合生产企业的供应链管理，配合生产厂商设计出以"一站式""门到门"服务为特征的一体化物流解决方案，为客户企业提供原料和产品的供应、生产、运输、仓储、销售等环节结合成有机整体的，优质高效的个性化综合物流服务。据调查，50%以上的客户对物流服务不满意，而且大多都在酝酿更换物流服务商。因此，持续改善质量不仅可以提高产品的服务质量，降低成本，改进与顾客、供方、员工、所有者和社会包括政府的关系，促进相互的沟通，而且可以清除工作场所的障碍，提高组织的竞争力，为员工做贡献、求进步、争先进创造机遇，从而形成新的组织文化，提高经济效益。

7. 基于事实的决策方法

对数据和信息的逻辑分析或直觉判断是有效决策的基础。以事实为依据做决策，可防止决策失误。在对信息和资料做科学分析时，统计技术是最重要的工具之一。统计技术可用来测量、分析和说明产品和过程的变异性，可以为持续改进决策提供依据。

物流企业在做出各种决策时，必须在适当的信息和数据来源基础上，持正确的态度进行科学分析，对决策进行评价并进行必要的修正。

8. 与供方互利的关系

通过互利的关系，增强组织及其供方创造价值的能力。供方提供的产品将对组织向顾客提供满意的产品产生重要影响，因此处理好与供方的关系，影响到组织能否持续稳定地提供顾客满意的产品。对供方不能只讲控制不讲合作互利，特别对关键供方，更要建立互利关系，这对组织和供方都有利。

航空物流企业必须选择数量合适的供方，进行双向沟通，或者对供方提供的产品进行监视，鼓励供方实施持续的质量改进并参与联合改进，共同确定发展战略。比如为其他企业提供物流解决方案或以外包合同的形式提供企业物流运作管理，包括流程、设施、人员及信息系统，涉及的物流模块包括订单计划管理、运输需求管理、仓储配送管理及反向物流管理。

第五节 航空物流信息管理

一、物流信息化的含义

物流信息化是企业信息化的表现形式之一。目前，学术界对企业信息化的定义尚未统一，不同学者从不同角度提出了各自的定义，但一般来说，企业信息化的定义包含三个方面的内容：一是通过应用信息技术、提高产品设计和生产过程的自动化程度；二是通过建立信息系统，优化企业决策、提高企业的管理水平；三是应用信息技术开发和利用企业的信息资源，提高企业的竞争力。

结合企业信息化的定义和物流的特点，可以对物流信息化做如下定义：物流信息化是指广泛采用现代信息技术，管理和集成物流信息，通过分析、控制物流信息和信息流来管理和控制物流、商流和资金流，提高物流运作的自动化程度和物流决策的水平，达到合理配置物流资源、降低物流成本、提高物流服务水平的目的。

二、物流信息化的类型

物流信息化包括物流设备的信息化和物流管理的信息化两类。物流设备的信息化是指条形码、射频技术、全球卫星定位系统、地理信息系统、激光自动导向系统等信息技术和自动化设备在物流作业中的应用。物流管理信息化是指物流管理信息系统、物流决策支持系统等信息系统在物流中的应用。一般来说,物流设备的信息化是物流信息化的初步应用,物流管理的信息化则是物流信息化的主体和标志。

物流管理的信息化表现为物流信息的标准化、信息收集的自动化、信息加工的电子化和计算机化、信息传递的网络化和实时化、信息存储的数字化,以及由此带来的物流业务管理的自动化、物流决策的智能化。信息时代的来临引起了物流的运作和管理改变,如今的"物"在流动的背后隐藏着更多的信息流。通过信息技术监测、控制物流运作中的几乎一切物流活动,从客户资料取得和订单处理、物流信息处理,到物流信息传递,信息和信息流可以渗透到每一个物流活动中去。因此,物流信息系统的建立是物流管理信息化的主要内容。通过物流信息系统来监督、控制、分析商流、物流和信息流的运作,其中包括以下几个方面。

①应用信息识别、采集、传输、加工和存储技术,对物流对象和物流运作的流程和管理信息进行收集和处理,实现物流信息管理的计算机化。

②借助于信息系统,最大限度地将物流中的运输、仓储、包装、装卸、加工及配送等多个环节整合在一起,实现功能一体化。

③在各功能一体化的基础上,进行系统外部整合,实现供应链物流的信息共享和决策优化,并为客户提供全方位的物流解决方案。

④在物流信息整合的基础上实现诸如物流方案的拟定、物流过程的优化等决策支持。

在物流信息化的过程中,信息技术是实现现代化物流系统各项功能的工具,物流信息系统则是指挥、控制各种信息工具发挥作用的中枢神经系统。

三、航空物流信息化的含义与我国航空物流信息化现状分析

(一)航空物流信息化的含义

航空物流信息化是以航空运输为主要运输形式,借助现代信息技术,连接供给主体和需求主体,使原材料、产成品从起点至终点及相关信息有效流动的全过程。它将运输、仓储、装卸、加工、整理、配送、信息等方面进行有机结合,形成完整的供应链,为用户提供多功能、一体化的综合性服务。随着经济全球化的进程,航空运输因其所

具有的高速度、节约供应链运输总成本的优势，已成为全球经济持续增长和全球物流市场健康发展的推动力量。

（二）我国航空物流信息化现状分析

航空物流具有快捷、高效、节约运输总成本的优势，已经为中国经济持续增长做出了巨大贡献。但是，与世界发达国家的航空物流相比，国内航空物流在管理手段和管理方法及信息化基础方面还有很大差距，远不能适应航空物流的快速增长。

首先，没有一个坚强的指挥中心和内部有机连接的运行网络，就不会有成功的航空物流。真正的现代物流必须是指挥中心、利润中心，企业的组织、框架、体制等形式都要与中心相符。一方面，要求分部坚决服从总部，总部对分部有高度的控制力，分部在作业上做到专业化、流程标准化；另一方面，总部必须具有强大的指挥、设计能力，以及对市场把握的高度准确性和控制风险的能力。要做到这一点，离不开对市场的迅速反应能力，必须以实现信息化、网络化做保证。在现代物流的管理与运作中，信息技术与信息网络扮演着一个非常重要的角色，甚至就是公司形象和核心竞争力的标志。因此，大型的专业物流企业通常都设有运作管理系统、质量保证系统、信息管理系统和客户管理系统。

其次，在物流信息系统建设上也明显滞后，主要表现在行业应用信息化的资金投入不足、能力低下、发展速度缓慢、应用范围狭窄。目前，国内有航空货运业务的26家航空公司中，拥有对外营销和管理职能系统的不过10家，并且尚无法实现全国航空货物站到站的信息检索和查询。在中国航空物流供应链中的航空公司、枢纽机场和大型货运代理都建有独立的货运信息系统，而小型航空公司、机场和大部分代理均没有建设货运信息系统。即使是已建设的信息系统之间也存在不兼容的问题，无法实现更大范围的信息共享，缺少全行业广泛互联的航空物流公共信息平台，严重制约了我国航空物流的发展和整体经济效益的提高。

四、我国航空物流信息化的发展趋势

我国的航空物流信息化已具备一定基础，但仍有很大的发展空间。未来几年，航空物流信息化的主要发展趋势有以下几点。

（一）统一的航空物流信息平台的搭建

信息共享是供应链管理的核心，航空物流信息平台的建立是航空物流企业实现广阔的网络覆盖和密集的航班频率、充足的舱位配备、平稳传递和快速准确的吞吐量、货运分拣中心的高速处理、客户的快速响应、大货主的个性化服务能力、供应链信息透明化、客户优先级划分及舱位可预订和分配等竞争优势的关键。

这一平台将实现航空公司货运系统、机场物流系统、代理人货运系统的整合，实现国内货运系统和国外货运系统的整合，为供应链的经营管理者、承运人、货运代理人、租赁人、海关及联检单位、货主、政府等提供全面的航空物流服务。

（二）航空货运信息网络的实时化和智能化

目前，航空货运信息网络正在向实时化和智能化方向发展，主要包括货运量的实时智能监测与预警、货运信息的精准实时推送、货物的自动跟踪定位、货物与航班的自动匹配、货物的航线智能规划、货运作业的实时监控与信息感知等相关的技术，从而实现航空货运信息的实时化和智能化。

（三）以客户为中心的货运信息化服务创新和国际化

国际上，货运信息化正在向客户提供"门到门""桌到桌"的服务，主要发展趋势表现在九个方面：CCS 功能强化、货主 B2B 货运市场、货代人 B2B 货运市场、货代人 SCM 解决方案、货代人网站开发、航空公司网站开发、Cargo 2000、更复杂的收入管理工具、客户服务自动化。目前，国际上的主要货运系统信息服务商包括 SITA、Sabre、Unisys、汉莎系统、Atraxis、Speedwing、Cargolux、Syntegra 和天信达等，这些厂商都能为客户提供上述创新性的解决方案。随着国际货运联盟的发展，航空物流信息平台的国际化是必然的趋势。

第六节　航空物流管理新动向

20 世纪 90 年代以来，随着经济全球化的快速发展及信息技术的广泛应用，航空物流管理和航空物流活动的现代化程度也在不断提高。现代航空物流体现了社会经济发展和企业经营的需要，主要具有以下特点。

一、航空物流目标系统化

传统航空物流管理将注意力集中于尽可能使每一项个别航空物流要素成本最小化，而忽视了航空物流总成本，和各航空物流要素之间的相互关系。从系统的观点看，构成航空物流的各要素之间明显存在"效益背反"关系。例如，为了节约航空包装费用，就会想办法简化航空包装、降低航空包装强度，但这样一来货物就势必会增加在航空运输过程中出现破损、散失、渗漏，损坏和污染飞机设备或者其他物品的概率，造成搬运效率低下，从而无形中增加了仓储与搬运的成本。航空物流管理从系统的角度统筹规划一个企业整体的各种航空物流活动，利用航空物流要素之间存在的"效益背反"关系，不追求单个航空物流要素的最优化，而是通过航空物流各个要素的相互配合和总体协调达到航空物流总成本最低化的目标。

二、航空物流功能集成化

面对日益激烈的航空物流市场竞争和迅速变化的航空物流市场需求，为客户提供全程航空物流服务，即一体化的综合航空物流服务，成了现代航空物流企业生存与发展的关键。航空物流企业的"混业"经营成为趋势——航空公司下地、机场和货代公司上天，现代航空物流已经从传统的航空运输延伸到采购、制造、分销等诸多环节，航空物流企业提供的功能和服务也不断地增加。为降低航空物流成本，需要对航空物流环节或过程进行整合，通过功能集成，以避免重复功能、无效功能和功能间不匹配，优化航空物流管理，提升客户体验。

三、航空物流作业规范化

航空物流作业规范化就是要对各类航空物流管理人员的岗位准则、作业流程、作业细则进行规范，使之标准化、程序化，使复杂的作业变成易于被航空物流管理人员掌握和对其进行考核的简单作业。航空物流作业规范化是现代航空物流管理的基础。进行航空物流作业规范化管理，有助于航空物流企业事先确定每一个岗位角色所要完成的工作的具体承担方法和程序，更好地保证每一项物流作业在任何时刻都处于控制之中，可以使航空物流管理人员只需要考虑如何进一步改进创新、提高效率和效益的问题，而不必在方法程序上摸着石头过河，做不必要的探索。

四、航空物流手段现代化

在现代航空物流活动中，广泛使用先进的包装、装卸搬运、运输、仓储、配送以及流通加工等手段。通信技术、机电一体化技术、计算机技术、语音识别技术在现代航空物流中得到普遍应用。运输手段的大型化、高速化，装卸搬运的机械化、智能化，包装的单元化，仓库的立体化、自动化以及信息处理和传输的计算机化等为开展现代航空物流提供了物质保证。现代化航空物流手段不仅可以代替人的体力劳动，而且可以在一定程度上代替人的脑力劳动。

五、航空物流信息电子化

航空物流信息和包装、装卸搬运、运输、仓储、配送以及流通加工等各个要素都有密切关系，在航空物流活动中起着神经系统的作用。大量先进信息技术的采用，极大地提高了航空物流信息的采集、存储、加工和传播的能力和效率，使传统航空物流企业经营模式和服务模式发生了根本性变化，促进了航空物流服务的不断创新。航空物流信息电子化不仅能使航空物流信息的处理实时化，也使现代航空物流各个环节之间、航空物流部门与其他相关部门之间、不同航空物流企业之间保持航空物流信息的高度一致，使相互之间的航空物流信息交换和传递更加便捷。目前，四大类信息技术在航空物流领域全面应用：一是物流信息化和标准化技术，包括 Internet 网络、EDI（电子数据交换）、GPS、GIS、条码、智能卡等；二是管理软件，包括 CCS（货运社区系统）、SCM（供应链管理系统）、CRM（客户关系管理系统）等；三是智能化运输、装卸和搬运技术；四是自动化仓储技术，包括自动化立体库、货架、托盘、分拣、条形码和自动识别系统等。在现代航空物流信息系统的支持下，航空物流适应需求的反应速度加快，航空物流快速补货的能力越来越强。航空物流信息电子化在提高航空物流活动的可靠性和及时性的同时，也大大推进了航空物流服务国际化的进程。

六、航空物流服务全球化

航空物流服务全球化是指经济全球化使世界越来越成为一个整体，大型公司特别是跨国公司逐渐从全球的角度来构建生产和营销网络，原材料、零部件的采购和产品销售的全球化相应地带来了航空物流活动的全球化。航空物流全球化要求选择最佳的航空物流路径，以最低的费用和最小的风险，保质、保量、适时地将货物从某国的供给方通过航空运输到另一国的需求方。航空物流全球化的实质是按国际分工协作的原则，依照国际惯例，利用国际化的航空物流网络、航空物流设施，实现商品和服务全球快速流动与交换，以促进区域经济的发展和世界资源优化配置。

七、航空物流运营绿色化

随着人们对可持续发展观的逐渐认同、环保意识的不断增强，以及资源的不断枯竭，在航空物流领域中，绿色航空物流已逐渐成为焦点之一。绿色航空物流主要解决的问题包括两个方面：一是减少航空物流活动对环境的污染，实现航空物流活动的绿色化；二是减少航空物流作业活动的资源消耗，通过建立逆向航空物流系统来处理采购、生产与销售环节出现的废弃物，错误与被退回的订单，循环使用的原材料、半成品、产成品与包装材料，损坏、变质、过期物品等，从而实现航空物流运营的绿色化。航空物流运营的绿色化趋势在发达国家表现更为明显，美国、德国、日本等国家纷纷通过立法来保证绿色航空物流的顺利实现，日本更是对大力推行绿色航空物流运营的企业进行补贴。虽然这在一定程度上提高了航空物流企业的运作成本，但是从长远利益来看，谁也不希望先污染后治理的情况重演。

八、航空物流组织网络化

　　网络化航空物流组织是将单个实体或虚拟航空物流组织以网络的形式紧密地联合在一起，以共享航空物流过程控制和共同完成航空物流目的为基本特性的组织管理形式。20世纪90年代中期以后，信息和网络技术的快速发展，为航空物流组织网络化提供了外部环境。特别是引入供应链管理的理念后，航空物流从单个企业扩展到了供应链上的所有企业，网络化航空物流组织成为更加有效的航空物流组织运作形式，如国际货运联盟就是一种网络化航空物流组织。其实，不论是单个企业还是供应链，航空物流组织网络上点与点之间的航空物流活动应保持系统性、一致性，这样才可以保证整个航空物流网络有最优库存和较高效率。

第三章 民航机组资源管理

第一节 概述

一、机组资源管理的背景和发展

(一)CRM 的背景

1978年12月28日，美联航 UA173 航班，一架 DC-8-61 型客机准备降落波特兰国际机场，机上共有 3 名机组人员、5 名乘务组人员和 181 名乘客，机组人员试图排除起落架存在的一个问题却没有成功，飞机在机场周围盘旋了一个多小时，尽管机上的机械师温和地提醒机长燃油正在迅速减少，然而机长过了很久才开始最终的进近。这架 DC-8-61 由于燃油耗尽坠毁在郊区，造成 10 人死亡。后证明起落架已经放下并锁定，可安全着陆。尽管飞行机械员多次提醒机长可能耗尽燃油，但事故还是发生了。此后事故报告首次提到机组资源管理，人们开始关注机组对民航安全的影响，承运人开始强调对机长的参与管理和其他驾驶舱机组成员的自信方面的训练，提出了在现实条件下在驾驶舱中让机组作为整体受训的重要性。

根据 1959—1989 年的典型空难统计发现，机组操作失误超过了技术原因，已占空难事故率的 70% 以上，针对人为失误，航空工业已展开了对人为因素的研究工作，涉及社会心理学，如沟通、领导、服从、压力下的职责、人际关系和决断力等，而经过证明，这些方面都受各种情况和国家文化背景的影响。

(二)CRM 的发展

(1)第一代：驾驶舱资源管理(cockpit resource management)。着重于个性管理风格及人与人之间的沟通技巧方面，主要是为了确保在副驾驶缺乏自信的情况下，机长能接受副驾驶的建议，讲的是驾驶舱里的两个人的事情，所以通常称为"驾驶舱资源管理"。

(2)第二代：机组资源管理(crew resource management)。开始注重团队管理。讲究情景意识和压力管理，讲授错误链，训练机组间的独立决断，增强简令意图，考虑了团队组建方面。把驾驶舱里的两个单纯的人考虑为一个整体，所以开始称为"机组资源管理"。

（3）第三代：高级的机组资源管（advanced crew resource management, ACRM）。再次把机组的范围扩大化了，把客舱乘务员、签派员、机务等与飞行相关的人员涵盖了进来，作为一个系统来进行研究。强调人为因素的评估和教员/检查员的特殊训练，即"高级的机组资源管理"。

（4）第四代：一体化的机组资源管理。又引入了性能数据引导训练工作和机组资源管理专业训练一体化，将机组资源管理程序化，形成了专门的课程主题，包括机组资源管理检查单问题、自动化等，在全模拟飞行任务中加强了人为因素的程式化训练。这时候就生成了"一体化的机组资源管理"。

（5）第五代：差错管理。"人非圣贤，孰能无过"，这句古语揭示了人们对待错误应该持有的态度。意识到CRM的功能应该是管理飞行人员的差错，因此第五代CRM的重点为集中飞行差错管理，CRM又回到了其最初的本质：避免错误。到了第五代"机组资源管理"，才意识到前面的几代机组资源管理讲究的多是概念，认为有了它就可以消灭人为差错，甚至混淆了不少商业的成分在里面，反而把机组资源管理的目的给弱化了，后来重新认识到了它不能完全消除差错，但可以避免造成差错，可以用设计或减弱差错的危害程度来管理差错，所以回到了"差错管理"的概念上来。

（6）第六代：威胁与差错管理（threat and error management, TEM）。现在又提出了第六代"机组资源管理"的概念，其着眼于将机组资源管理作为一套防止威胁的对策，出现差错后的应对与管理，及非计划飞行状态的管理。所以现在的CRM叫"威胁与差错管理"。

希望通过讨论和学习，能主动关注差错和威胁，正确应对威胁和防止差错，通过相互间经验的分享，从而提高安全意识。只有安全意识得到提高和重视，才会更好地落实规章和程序，才能进一步提高安全水平。

二、机组资源管理（CRM）的概念

C：CREW，机组（飞行机组、客舱机组、机务维修人员、签派人员、清洁人员、航空食品人员、航空公司的管理人员）。

R：RESOURCES，资源（专业知识、专业技能、规章制度、手册、飞机名称、飞机系列、程序、机上各种设备、时间和相关人员）。

M：MANAGEMENT，管理（协调一切可能运用的资源达到安全、合理的运行）。

CRM讲的就是系统管理。安全系统的管理和安全基础的建设包括：高效的培训、良好的安全文化、值得信赖的报告系统、科学的评估、信息的及时反馈、人性化的激励机制等。当这些系统上的环节和基础建设出现不安全的状态时，只要随着时间的推移，发生不安全的事件是一个不用怀疑的确定概率。

CRM 指机组有效地利用所有可以利用的资源（信息、设备，以及人力资源）识别、应对威胁，预防、觉察和改正差错，识别、处置非预期的航空器状态，以达到安全、高效飞行目的的过程。

CRM 训练系运用课堂教学、模拟飞行训练、团队活动、案例分析，以及角色扮演等方式促进机组掌握有助于安全、高效飞行的知识，并形成相应的态度和行为模式的过程。

三、机组资源管理训练的目标

（1）帮助受训人员认识、理解影响团队工作表现的因素，以提高受训人员在工作中对这些因素的警觉性。

（2）提高受训人员对"人—机—环"资源的管理能力，例如，威胁与差错管理，沟通、决策、工作负荷管理，确实遵守标准操作程序等，以提升工作效率与飞行安全。

（3）形成正面积极的安全态度和意识，去除消极不安全的态度、行为及做法。

（4）提高安全运行水平。

第二节 人为因素对 CRM 的影响

人为因素贯穿航空活动的始终，在航空器的设计、制造、使用和维护以及运营的各环节中，人为因素都起着主导作用。

一、墨菲定律

墨菲定律在 1949 年由美国的爱德华·墨菲提出。墨菲定律指出，凡是有可能搞错的地方，一定会有人搞错，而且以最坏的方式发生在最不利的时机。墨菲定律告诫人们对可能搞错的地方不能掉以轻心、存侥幸心理。因此，凡是有可能搞错的地方都要有效的防范措施，只有消除了搞错的可能性，事故才可以避免。

墨菲定律告诉我们，容易犯错误是人类与生俱来的弱点，不论科技多发达，事故都会发生。而且我们解决问题的手段越高明，面临的麻烦就越严重。所以，我们在事前应该尽可能想得周到、全面一些，如果真的发生不幸或者损失，就笑着应对吧，关键在于总结所犯的错误，而不是企图掩盖它。

二、Reason 模型

英国曼彻斯特大学的李森（Reason）教授曾提出系统安全状况的分层次模型，即Reason 模型（乳酪理论）。该模型认为，根据系统的分层次性特点，任何系统都可以根据其自身的属性分成不同层次。不论在哪一个层面上，都存在着许多缺陷或不足（像是被蛀蚀的孔）。这是由于我们对系统各要素认识不足、理解不透而必然造成的。同时，由于系统的动态特性，事物的发展必然带来许多新的问题，这也是存在缺陷之必然所在。然而，有缺陷并不一定爆发事故，只有当缺陷贯穿各个层面时，事故才得以爆发。同时也说明，不爆发事故，并不能否认缺陷存在的客观性。该模型充分展示了系统安全的思想，更为我们建立系统安全理论奠定了基础。

三、人为影响因素

（一）个体因素

（1）个性特征。包括人的气质、能力、人格。具有不同性格特征的人在信息处理过程中的反应方式是不一样的，具体来说，感觉视角、知觉模式、注意弱点、记忆速度、思维方式等都不尽相同，因此我们把在这些过程中人们反映出来的个人不同的特征称为个性特征。

（2）个体状态。当处在危险情况中时，个体所处的状态不同，对外界刺激的反应也不同，主要包括人的生理状态、心理状态和教育训练水平。

（二）群体因素

群体作用的强弱取决于群体意识的强弱。在安全意识较强的群体里，成员大多能保持安全的操作行为；相反，在安全意识薄弱的群体里，成员为了抢时省力或自我表现，往往倾向于不安全行为而导致失误。群体可以满足个体心理需要、增加勇气和信心，有助于消除单调和疲劳，激发工作动机，提高工作效率，产生助长作用；反之，则产生社会抑制作用。

（三）环境因素

飞行运行的很多环境因素都会使人进入疲劳、厌倦以及紧张状态，或分散人的注意力，提高人为差错率。例如过热过冷、气压太高太低或变化太快、噪声过大、湿度过大或过小、频繁的颠簸震动、光线太弱或太强、空气含氧量低、恶劣的天气、飞机故障或不正常、外界各种干扰等。

（四）组织管理因素

管理过程对航空安全的影响主要体现在运行、程序、监督三个方面。举例来说，组织上决定加快运行节奏，但它大大超出了监督人员的能力范围，因此监督人员就不得不使用影响员工休息的进度表，或者做出不佳的机组搭配，这就不可避免地增加了系统风险。

（五）压力

压力是人类的一种特殊的情绪状态。它是个体通过对自然环境和社会环境（包括个体本身）刺激的认知评价而产生的生理及心理反应，主要表现在出乎意料的紧迫与危险情况下的高速而高度紧张的情绪状态。

适当的压力能改善工作，但在巨大的压力下，可能产生态度恶化：具有进攻性，畏缩，惧怕；团队工作将受到损害；心理承受力受到影响，认知力、理解力、决策力下降。

（六）疲劳

人在疲劳时，感觉技能弱化，听觉和视觉降低，眼睛运动的正常状态被破坏。随着疲劳的加深，引起心理活动上的变化，人的注意力变得不稳定，范围变小，注意力的转移和分配发生困难。在疲劳过程中，记忆力也变差，创造性和思维能力明显降低，同时反应速度也降低，行动的准确性下降，动作的协调性受到破坏。人的思维和判断的错误增多，因而对潜在事故发生的可能性以及应付方法就考虑不周，甚至出现差错，结果导致事故的发生。

（1）心理性疲劳是由过度的脑力劳动和情绪等心理性因素所引起的心理能量耗竭和工作能力下降的现象。

（2）生理性疲劳则是指由过度的体力劳动和环境等物化因素所引起的生理能量耗竭和工作能力下降的现象。

第三节　威胁与差错管理

一、威胁因素对安全的影响

飞行威胁指飞行机组在飞行期间应加以注意和应对的外部情况（如恶劣天气、系统失效、运行压力、拥堵的交通状况、复杂的地形、硬件设备的故障或降级运行、无线电频率遭受干扰、飞机隐蔽、机场活动区标识不清晰、机场的不停航施工、相近的航班呼号等),这些情况增加了飞行操作的复杂程度,容易诱发机组出现差错,并在一定程度上影响飞行安全。

二、差错

差错指背离机组意图或预期的机组成员的行为或既定工作的错、忘、漏现象。

(1)差错包括不遵守规章制度、违反标准操作程序和政策,以及背离机组、公司或空中交通管制的指令或要求等。

(2)差错的诱因——威胁。威胁依赖人的识别与关注(见本章第四节情景意识与飞行安全),错误的发生与纠正只能是人,防止意外状态恶化依靠人,人的问题仍然是TEM的中心。

三、人的错误与可靠性

人的可靠性在人机可靠性中占重要位置。人固然有不可靠的一面,但是人有思维,有判断能力,有学习能力,人有无限的潜能。通过培训,人的潜能不断释放,不但能够自己发现失误,而且能够及时纠正失误;不但能够纠正失误,而且能够发挥创造性,改善和提高整个运行系统的可靠性。这也是人特有的秉性。

由于人不可能任何时候都不犯错误,因此TEM的学习使机组决策和行动更加符合安全飞行实践,从而减少不正常情况的发生,从而达到或实现飞行安全的目的。在威胁与差错管理的理论中,我们发现,威胁与差错管理的目标并非消除威胁与差错,而是把其危害控制在一个可以接受的范围内,把发生差错的可能性降到最低。它分别界定了威胁、差错、非期望状况的概念,优化了威胁与差错管理的模型,并通过大量详细的实证分析,进一步丰富了威胁与差错管理的框架形式,提出了系统完善的策略。这将有助于民航业从主动控制的角度提升安全效能。

四、威胁与差错管理的有效方法

(1)有情景意识:评估风险。

(2)避免侥幸心理。

(3)保持冷静,避免过急、冲动、逞能心理:在行动前弄清楚"怎么了"。

(4)控制时间压力:在可能的情况下适当延长处置过程。

(5)运用程序和规章。

(6)评估方案的可用性。

(7)利用团队力量,有效沟通,达成共识。

（8）重视来自旅客的信息（旅客往往能关注到我们没有关注到的威胁）。

第四节 情景意识与飞行安全

一、情景意识

机组在特定的时间段里和特定的情景中对影响飞行和机组的各种因素、各种条件的准确知觉。

情景意识可以比喻成照相机的镜头，有些镜头是广角的，能够拍到更大的情景，有些镜头是变焦的，能够看到大画面中单独的一点。要获得情景意识，一定要知道什么时候使用正确的镜头，但是能够使用镜头还是不够的，还必须要知道在不同情况下使用哪些镜头是对的。

情景意识是决策和行动的基础，在工作中情景意识下降或者情景意识不完善将可能导致决策错误，直接引发错误的行动。

由于个人的知识、经验和飞行动机不同，在相同的情景中，不同的机组成员情景意识不同。

机组通过其相互作用（如交流、机长的有效领导等机组行为）获得整个机组对于当前处境的认知及未来飞行状况的预测。机组处境意识不是机组个体情景意识的简单相加。

二、影响情景意识的主要因素

（1）飞行过程是一个不断变化的过程。在飞行中飞行机组所承担的任务数也在不断变化。人的注意力有容量的限制，在工作负荷高的情景中飞行员的注意力将面临挑战。在高工作负荷的情景中（比如在进近和起飞阶段）处境意识最容易发生降低。飞行员在高工作负荷下最容易遗漏某些飞行信息。

（2）机组缺乏有效交流和合理配合协作是导致处境意识降低的第二大原因。常见的情景是，机组成员同时专注于某项任务而无人观察座舱外的交通情况；或者是机组成员缺乏有效的交流，机长不能有效地从机组成员身上获得有用的信息。

（3）在飞行员疲劳和厌倦的时候。在疲劳的状态下，机组成员的心理活动的水平因此而降低，在知觉的速度、注意的稳定性和灵活性方面有很大的改变。在长时间飞行后，连续的飞行、不良睡眠、时差效应以及身体方面的原因都会使飞行员产生疲劳。

在这样的情景中飞行员的处境意识较通常更容易降低。在以上所列各种情景中，如果机组没有合理的措施往往导致错误判断、错误决策甚至诱发飞行事故。更为可怕的是，各条件往往同时发生，例如在进近中飞行员往往有较高的工作负荷，而此时飞行员又常常处于疲劳状况之中。这样更增加了处境意识降低的可能性。

（4）与既定目标不吻合。在飞行中，当出现不能获得期望的速度或者航向，且又不能做出必要的修正行动时，处境意识将下降。

（5）模棱两可的信息或是语意含混。例如某个信息意思不明确或是来源不同的信息有冲突，如果这些信息没有得到澄清就会导致机组情景意识降低。

（6）不适宜的程序。一般情况下，只要机组使用了不恰当的程序或是非标准的程序就可能使他们的情景意识显著丧失。

三、提高机组情景意识的途径

（1）由于飞行系统和飞行环境越来越复杂，这些变化对机组的知识素养提出了新的要求，只有具备扎实的航空理论知识，机组成员才能够对发生的各种现象做出合理的解释，建立良好的情景意识。

（2）在训练中建立良好的情景意识。通过各种复杂情况的叠加训练，增强应急情况的处置能力，培养正确的情景意识。

（3）利用机组资源管理工具来建立情景意识。利用一切可使用的资源，收集一切可参考的信息，准确分析处境，做出最正确的判断。

（4）避免注意力的分散。

（5）做好计划，合理分工。减轻不必要的工作负担，完成自己能力范围之内的工作。

第四章 民航质量全管理

第一节 民航维修质量与安全管理

航空器和普通的交通工具有着非常明显的不同，其在设计和制造的过程中，容易受到各种客观因素的影响，如天气、场地、人为和外力干扰等，一旦对这些因素无法很好地进行处置，就容易导致各种严重问题的发生。

一、民航维修当中的风险管理

维修的主要风险来源于飞机机务系统维修错误和飞行系统维护的失误，从重大数据我们也可以得出许多风险原因，主要集中于维修人员的人为错误、维修人员的操作不当以及维修人员信息沟通不畅等。如果进行风险细化，则主要原因是操作不当。

二、当前民航维修质量当中存在的一些问题

（一）民航机务维修的工作受到多方面的限制

由于我国陆地面积广阔，航线也遍布于我国的各个地区，且我国的气候类型特征存在着明显的差异，气候类型也较为复杂，各个地区对于飞行都有着不同的要求。比如说从我国的东北地区到东南沿海地区，这一航线会经历众多的自然环境的变化，不仅仅增加了飞行安全隐患，也会给民航维修工作带来众多的困难。这就需要民航维修部门结合各个区域的气候条件以及环境因素，采取恰当合适的维修方法来进行民航机务维修，这在一定程度上增加了民航机务维修工作的难度，必须要求工作人员知识的广阔性，更加要求他们操作的准确性。

（二）民航机务维修人员的技术有待提高

机务维修人员的技术可以说是民航机务维修的重要保障和基础，在众多安全事故当中，许多飞机的安全事故是由维修工作的不到位间接引起的安全隐患。工作人员如果在日常的检查和维修过程当中，没有彻底地对故障进行排查，则会为日后的飞机飞

行留下安全隐患的种子,所以说坚持对飞机进行全方位的检查是一项严谨而必不可少的工作。并且由于民航机务的一些维修人员自身的专业水平较低,没有过硬的专业技术就无法对故障进行专业排查,就无法有效地解决飞机当中存在的故障。而且我国的飞机型号众多,要求维修人员必须具有专业的维修能力和全方位的专业知识,才能够保证维修工作的正常进行,这也对维修人员的专业技术提出了更高的要求。

(三) 不同的客机设备存在着较大的差异

就我国现阶段民航客机的使用状况而言,大部分的客机在航电设备方面主要用的是波音系列,而波音系列的制造生产多为美国和英国的公司,这无疑要求维修人员必须进行专业知识的学习。并且在飞机设计原理以及飞机维修技术方面,目前我国民航还没有掌握高端且专业的国外先进技术,其技术水平还有待大幅提高,这就给维修人员在判断问题时增加了很大的难度,在解决问题时就会更加困难。由于不同客机间存在着较大的设备差异以及维修人员技术的有限性,这就要求维修人员在工作当中需不断进行学习,不断了解先进的维修技术,持续更新自己的维修技术,才能够在面临问题的时候临危不乱。

三、基于民航维修质量与安全管理提出优化措施

(一) 增强对民航维修部门的经济支持

就现阶段而言,如果出现了飞机维修难题且涉及技术含量非常高的问题时,不得不聘请国外的高级技术维修人员进行维修,或者将零部件转包到国外进行维修,这一方面产生了较高的维修费用,也给民航公司带来了较大的经济压力。为了解决这一问题,民航公司应该设立维修基金进行飞机维修技术的研发,只有我们自己突破了问题,突破了技术,培养自己的专业技术人才,才能够高效维修和降低维修费用。所以一定要在资金以及技术上支持民航维修部门,提高维修部门的飞机维修技术水平,从而在减轻经济压力的同时,够促进我国民航飞机维修技术水平的进一步发展。

(二) 提高民航维修人员的相关技术

加强对民航飞机维修人员相关专业技术的培训,首先要制订合理科学的培训计划,让维修人员通过理论和实际中的相关学习了解到在实际中,如何做应急准备。提高维修人员的应急情况管理能力和技术维修能力可以有效地减少紧急情况突发时因决策失误给飞机维修带来的安全隐患。要建立强大的维修团队以及安全管理团队。我国民航事业的快速发展,客流量大幅度上升,增加了民航飞机飞行过程当中事故的发生率,所以必须加强安全管理团队的建设,通过团队的力量攻克飞机维修当中的难题,并且以奖励的机制奖励在维修当中积极主动提高自身技术能力的相关人员,从而促进安全管

理工作高效开展。

（三）加强对飞机维修的监管力度

由于飞机自身的结构非常复杂，所以在飞机维修的过程当中，必须要求由专业的人员和专业的团队进行质量监控，通过严格的检查制度、规范的工作流程来加强对飞机的维修监管力度，可以有效确保安全管理工作的落实，保证飞机维修的严谨性。同时还应该以创新的管理方法和管理制度保障工作人员积极地落实工作、排除故障。

（四）重视维修人员的安全意识培训

重视对维修人员安全意识的培训，是民航维修管理工作当中的前提工作。只有让工作人员在思想上认识到安全的重要性，才能够让他们在工作当中严格按照操作标准进行工作，避免操作的失误。要想提高维修人员的安全意识，必须注重他们的团队意识和集体荣誉感，让他们以飞机的安全运行为己任，积极落实自己的工作，这就需要奖励机制和监管机制同时对工作人员提出工作要求，并且大力宣传安全教育，让他们以认真严谨的态度投身维修工作。

综上所述，随着国民生活水平的提升，飞机已经不再只是成功人士的出行工具，机票价格也越来越大众化，乘客也对自己出行交通工具的安全性要求越来越重视，民航客运量也大幅提高，所以在这样的一个大背景之下，民航必须加强对机务维修安全的管理，以保证飞机的安全运行。

第二节 民航无损检测质量管理

随着民航公司营运飞机日益增多及机龄日渐增大，运营中的飞机结构与部件不可避免会产生疲劳损伤或者偶然损伤。为了满足飞机的持续适航，无损检测作为关键的维修力量发挥着重要的作用，无损检测工作的质量、检测工作者的能力和发出报告的可靠性就变得十分关键。所以，必须对可能影响检测结果的各个环节加以有效的质量管理与控制手段，从而使工作者能够得出合理正确的检测结果，准确判定飞机的损伤，给后续维修工作提供可靠的依据。做好无损检测质量管理与控制工作也能不断提高无损检测单位的权威性以及工作者自身的综合能力水平。

一、质量管理的前期基础工作

在质量管理中，做好前期基础性的工作会大大减轻后续质量管理的实施阻力，使质量管理得以顺利实施并持续保持，主要的基础工作如下。

（一）质量教育培训工作

质量意识教育，包括质量概念，质量法律法规，质量对组织、员工和社会的意义作用，质量责任等。

质量知识培训，包括质量管理理论与方法，应以质量控制和质量保证所需知识为主要培训内容。

技能培训，专业技术的更新和补充，学习新方法、掌握新技术等。

（二）标准化管理

标准化管理主要包括按照行业标准、企业标准以及部门制定的操作标准规程实施操作，例如《MH/T 3008—2012 航空器无损检测 磁粉检测》、磁粉标准施工、磁粉探伤设备操作规程以及工艺规范等。

（三）质量信息管理工作

信息是指"有意义的数据"，不但可以帮助人们发现问题，寻找解决问题途径，而且还是质量管理中决策和采取行动的依据，主要指工作质量信息和检验结果信息。

二、全面质量管理

全面质量管理是一个组织以质量为中心，以全员参与为基础，目的在于通过让顾客满意和本组织所有成员及社会受益而达到长期成功的管理过程。目前举世瞩目的 ISO 9000 族质量管理标准、美国波多里奇奖、欧洲质量奖、日本戴明奖等各种质量及卓越经营模式、六西格玛管理模式，都是以全面质量管理的理论和方法为基础的。

全面质量管理具有以下特点：第一，全面质量管理，不只包括狭义的产品质量，还扩大到工作质量，即广义的质量。第二，全过程控制。第三，全员性。第四，内容与方法的全面性，内容不仅是产品质量，而且还注重形成产品的工作质量。

无损检测工作管理者采用全面质量管理的思想进行质量管理应依据下列原则。

（1）领导作用。领导既是名词，又是动词。领导者具有决策的关键作用，领导的重视程度直接影响活动的质量。

（2）全员参与。每个环节每个人都会直接或间接地影响质量工作，因此，把所有人的积极性、创造性充分调动起来，不断提高员工的素质，使人人关心质量，人人做好本职工作。例如，开展多样的质量管理活动、质量自检互检、QC 小组活动等。

（3）过程方法。在工作中强调主要过程，强调制定并执行过程的程序，严格职责，控制过程。

（4）持续改进。没有最好，只有更好。管理也需不断改进，与时俱进，贴近实际，才能充满生机。

（5）以事实为决策依据。加强信息管理，灵活运用统计技术，加强质量记录的管理，加强计量工作。

三、质量控制

质量控制最有效的方法就是现场质量管理。现场质量管理是生产一线的质量管理，是全过程的管理。所有管理必须从此开始，最终也将具体在此体现。现场管理是企业素质与管理水平的最直观的综合反映。

一般来说，现场管理的对象是4M1E，也就是人、机、料、法、环境五大要素。加强现场管理，现场问题就会浮现出来，日常管理有了目标，也就有了针对性和预见性。

（一）人的管理

人是最活跃的、最不容易控制的因子，要保证无损检测质量可靠，首先是人的技能操作水平和精神状态要达到要求，避免技能不足和疲劳操作等问题。在现场质量管理中，应先明确不同岗位人员的操作能力需求，确保其能力可以完成该岗位任务，明确员工是否具有上岗资格，是否需要接受再培训。对参与无损检测工作特别是关键过程的工作人员，应按CAAC规定要求进行资格鉴定与认证，保证其具有胜任此工作的能力。其次，强调全员参与，让每个员工有部门目标，有个人奋斗目标，只有这样，才能发挥集体的作用，取得效益。鼓励员工参与各种质量小组活动，给员工提供各种培训、学习的机会，让他们体会到质量管理的乐趣，促使他们自觉地参与到质量管理中来，保证无损检测的质量。

（二）机的管理

机器在使用过程中性能会逐渐变差，无损检测工作大部分都要依靠设备进行检测，设备的可靠性直接决定了检测结果的正确性，所以无损检测质量管理中机器的管理非常重要。对探伤设备进行管理主要是制定设备维护保养制度及使用操作规程，也包括定期校验设备的关键精度和性能项目，并做好设备故障记录等。

在民航工作中，机的管理还包括"三清点"制度，工作前、后、转移时均需要认真进行清点工作，尤其是探头等小部件，建议携带时对小部件进行固定，以免滑落。清点工作不只是设备数量一致，还应包括设备的整体完好性，防止设备某一部件（比如防尘盖）丢失在飞机或者机坪上，影响飞行安全。此外，由于飞机工作项目多，很多项目需要专用的设备或者探头试块，这给工具管理带来了很大的困难。所以，制作专用的一目了然的工具柜，对工具借还和清点都有极大帮助，能够有效地进行工具管理。

（三）料的管理

民航无损检测所用的材料都已经过专业的航材检验且具有可用件标签，但在使用前工作者也应仔细核对文实相符、材料的有效性与有效期等。对物料的管理还体现在物料的堆放、标识、保护等，在实际的质量管理中，应制定出相应的物料管理办法。

（四）法的管理

法在现场管理中主要体现为标准化生产，主要包括手册工卡、标准工艺规范与工艺纪律管理的标准化。

工艺规范是质量工作文件的一个重要组成部分，在规范化生产现场，工艺规范是保证检测结果一致性和可靠性的重要依据。无损检测工艺规范分为通用检测规范和专用工艺卡两种。通用检测规范是指导检测人员进行工作、处理结果、评定并做出结论的指导性技术文件。专用工艺卡是对特殊零件检测规定相应的内容来保证检测的质量。通用检测规范或者专用工艺卡的内容包括适用范围、被检件受检状态、检测方法与步骤、所需设备材料、各种工艺参数、验收标准及标识标记、后处理措施等等。编写应尽量详细完整清楚。

现场管理中，纪律也很重要，要做到有标准可依，有标准必依，严格执行生产工艺纪律，坚持按照工艺规范进行检测，对于违反操作规程和生产纪律的，要根据标准要求进行处理。

（五）环境管理

健康和安全的工作环境，能提高检测人员的能动性。环境管理主要包括环境清洁安全、作业场地布局合理、设备工装保养完好、物流畅通、噪声小等内容。现场管理中要求工作者使用必要的劳保用品，合理施工，并且注意现场的 6S 工作，保证有一个良好的工作环境。

现场管理发现的问题通常是最棘手的，只有经过详细的现场分析，找出问题的根源并进行改善，才能形成现场管理的闭环管理。现场管理需要不断地改善与更新。现场分析常用 5W2H 方法找出事件的根本原因。

无损检测本身即质量控制的一种手段，对无损检测的质量加以管理与控制更能对飞机结构与部件的质量进行严格控制，保证飞机的飞行安全。在飞速发展的现代社会，无损检测人员必须具有专业的技术知识与素质，重视检测工作质量，不断补充自身不足之处，提高自身综合能力，确保检测结果权威可靠。

第三节　民航机场工程质量管理

民航机场是指专供民用航空器起飞、降落、滑行、停放以及进行其他活动使用的划定区域,包括附属的建筑物、装置和设施。对民航机场工程施工进行质量管理,不仅可以维护民航业的形象,还可以保证人民的出行安全。因此,做好民航机场工程的质量管理工作,有助于促进我国民航业的发展。

一、民航机场工程建设中存在的问题

(一)前期审批工作困难

民航机场建设前需要对建设用地的地质、环境、气象等方面进行现场实际考察。这个工程不仅需要花费大量的时间,还需要专业的技术人才去进行实地考察,延长了民航机场的建设进度。同时,在对民航机场建设进行前期审批工作时,涉及的内容较多、过程较复杂,需要花费大量的人力、物力和时间,这些都为民航机场的建设带来了困难。

(二)拆迁工作带来的困难

民航机场建设需要占据大片的土地,而城市的可使用土地有限,民航机场可能需要占据部分居民用地,在这个过程中居民会产生抵触甚至难以协调的现象,不同意进行居住地的迁移,或者经济方面的因素导致双方沟通不当,这些问题不仅延长了民航机场建设的时间,还影响了审批工作的进行,给民航业的发展造成了一定影响。

(三)建设方案不适合运营要求

民航机场建设规划不仅要对民航机场的基础设施进行规划,还需要对机场周边的配套设施、商业、住宿、交通等方面进行规划,使人们在出行的过程中可以更加方便、安全。但是,部分民航机场的建设方案并没有对这些进行考虑,规划的内容不够详尽,导致机场建成以后相应的配套设施得不到完善,影响了后期民航业的正常发展。

(四)建设设计方案过于陈旧

民航机场建设方案是民航业运行和发展的前提,随着时代的发展,人们对于服务业的要求也在逐渐增加,民航机场建设方案也需要跟随时代的发展和人们的需求去进行创新和改变。但是,很多民航机场建设设计方案并没有做到这一点,在设计过程中没有与民航业进行沟通,导致设计的建设方案过于陈旧,为民航业以后的发展带来了弊端。

二、民航机场工程质量管理措施

(一)完善质量监管体制

质量监管体制是对民航机场建设的质量进行监察和管理的重要手段,完善内部质量监管体制可以科学地对民航机场建设的整体工程进行监管,从而提高民航机场的工程质量,为民航业以后的发展奠定良好的基础。首先,民航业要完善质量监管制度,明确各个部门的职责,通过制度来规划每个部门的责任与义务,让各个部门可以配合机场建设工作,切实对机场建设质量进行监管,从而提高机场的工程质量。其次,完善内部管理制度,明确各个部门的分工与职责,让各个部门在对机场建设质量进行监管的过程中都可以发挥自己应有的作用,促进民航业的快速发展。最后,完善问责制度,质量监管需要各个部门承担自己的责任与义务,当出现质量问题时,民航业内部可以按照问责制度去找到对应的负责部门,从而提升各个部门的责任心,加强对于机场建设质量的监管,从而提高民航机场建设的质量。

(二)提升质量监管人员素质

质量管理人员的水平和素质是影响机场建设质量的质量。因此,提升质量监管人员的素质对于民航机场工程施工监管十分重要。首先,民航业可以聘请专业的质量监管人员,让民航业内部的各个部门观察和学习,提高民航业各部门的法律、商务和管理能力。其次,民航业要对各个部门的人员进行定期培训,提升民航质量管理人员的综合管理能力和综合素质。最后,民航业也要加强考核制度,定期对质量监管人员的法律、商务以及管理能力进行考核,不断提高质量监管人员的水平,并及时发现质量监管人员存在哪方面的不足,从而提升民航机场建设的整体质量。

(三)提高施工评定标准

民航机场工程施工质量管理的关键是提高施工评定标准,从而对机场工程施工的材料进行监管,提高民航机场工程的整体质量。民航业可以从以下几方面进行施工评定标准的提高:一是机场建设施工现场应具备基本的质量管理及质量责任制度,民航建设施工可以完善现场项目组织机构,建立质量保证体系;完善材料、构件、设备的进场验收制度和抽样检验制度;完善岗位责任制度及奖罚制度。二是完善机场建设施工现场应配置的施工操作标准及质量验收规范,完善机场建设施工质量验收规范的配置,完善施工工艺标准的配置。三是要完善施工前应制定较完善的施工组织设计、施工方案,跟随时代需求和人们的需求去设计民航机场建筑设计方案,完善相应的配套服务设施,为民航业以后的运营和发展奠定基础。

(四)完善机场设计方案

民航机场工程设计方案是民航业发展的前提和基础,科学、完善、先进的机场设计方案,不仅可以完善机场内的基础配套设施,提高机场的服务力度,还可以为人们的出行提供方便。因此,在做机场工程设计方案时,一方面要针对具体工程特点,坚持一切从实际出发的原则,按技术先进、科学管理、经济实用的原则,设计科学、完善的方案。

另一方面要结合时代发展的特点和人们的需求去设计机场方案，不断对机建设方案进行创新，改良传统方案中存在的问题，让民航业可以顺应时代的发展，从而为民航业更好地发展奠定基础。

综上所述，对民航机场工程施工进行质量管理，不仅可以提高民航机场的整体过程质量，完善民航机场的基础配套设施；还可以提升民航业的企业形象，保证人们出行的安全。因此，民航业应该加大对于机场工程施工的质量监管，完善相应的制度和措施，为民航业以后的发展奠定基础。

第四节　民航 MRO 企业计量器具质量管理

一、计量器具管理在飞机维修中的作用

计量器具为飞机航线维修、飞机大修、发动机大修、附件大修等主要生产活动提供准确数据，以确定产品的适航性。飞机维修的各个领域都离不开计量器具的支持，计量数据直接影响维修质量及安全。飞机维修中，假如压力表不准，就可能使设备压力不在正常水平，减少使用寿命；假如磅表或力矩扳手不准，就可能使紧固件力矩过大或过小，影响维修品质，甚至造成安全事故。而计量器具都是高价值、高精度的设备和物质，为保证其准确性和稳定性，需要工具库房小心管理。加强工具库房计量器具的管理，确保用于飞机维修的计量器具准确度、稳定度及灵敏度在借出时达到要求，是飞机维修工具库房质量管理工作不可忽视的一部分。

二、工具库房计量器具管理主要内容

工具库房对计量器具的管理主要为：校准周期制定与评估、入库送检、状态监控、周期送检、抽查送检、修复送检、报废送检。以下主要以民航 MRO 企业大型工具库房为例做具体分析。

（一）计量器具的校准周期制定与评估

在工具库房购入新型计量器具后，需要责任工程师制定合适的校准周期，一般是根据所修零部件的厂商要求或计量器具原厂校准周期制定。在今后使用过程中，为确保计量器具使用时的准确性和稳定性，还需要对计量器具历次校准结果进行评估以确定校准周期是否科学、适用。合理的校准周期是工具库房展开周期送检的基本条件，周期过长则达不到质量管理标准，周期过短则容易造成资源浪费、降低工作效率等。

（二）计量器具的入库送检

企业外购的或自制的计量器具在入库前，必须送至计量部门进行验收检定，检定合格后签发入库合格证。工具库房计量器具的入库送检由计量器具管理员负责，一般是由责任工程师提供相关技术文件后以就近原则送往计量检定机构校验，完成后建立状态监控程序并交付库房管理人员进行工具入库相关流程。计量器具的入库检定能有效防止：（1）生产计量器具的企业产品质量不达标，即使厂家做了出厂检定，也可能存在不合格的产品。（2）运输过程中各种因素导致计量器具不合格或发生损坏。

（三）工具库房计量器具的状态监控

按照质量体系要求，为确保计量器具在工具库房的持续控制中，计量器具管理员必须同时建立计量器具监控软件及纸质版计量器具监控记录，以纸质监控为主，软件监控为辅，对计量器具的状态信息进行实时监控，如送检、可用、限用、禁用等。计量器具管理员通过实时更新计量器具状态信息，以保证生产工作顺利进行。实时有效的计量器具监控系统能让工作者准确了解计量器具的状态及存放地点，提高生产效率，并能及时通知长期借出的计量器具在有效期之内还回。

（四）工具库房计量器具周期送检

B类计量器具需要按照其校准日期周期性送检。周期送检由计量器具管理人员负责，以监控软件系统为辅助，把即将到期的计量器具送往计量检定机构校准，并在校准完成后取回。送检的计量器具需要在库房原存放处挂警告标志。周期送检是工具库房计量器具管理中最基本也是工作量最大的一步。做好周期送检的管理与监控，确保库房内计量器具是准确的、可靠的，是计量器具管理最重要的一步。

（五）工具库房计量器具抽查送检

一般工具库房计量器具数量较大，需要了解计量器具管理情况时，只能对计量器具进行随机抽查。在随机抽查中，抽查的时间、地点、数量、计量器具的种类都应完全随机。抽检是计量器具管理自我监督的有效手段。

（六）工具库房计量器具修复送检

使用过程中损坏或送检被退回的计量器具在修复后，需要送至计量检定机构进行修复检定，以确保修理后满足技术要求。计量器具管理员需要对修复检定工具进行监控。

（七）工具库房计量器具报废送检

计量器具由于使用年限、损坏、超差等因素使其达不到技术要求且无法修复，或是修理花费大而无修理价值后，要进行报废处理的，需经计量检定机构检定。在确定报废后,交付责任工程师处理。

三、工具库房计量器具管理问题及解决措施

(1)人员问题。民航维修计量器具管理关系到维修质量及飞行安全,企业计量相关培训落实不到位,使飞机维修生产部门的维修人员与支援部门的计量器具管理人员缺乏计量意识,对计量器具管理工作造成影响。为此,应加强企业领导和相关人员的计量培训教育,提高企业整体的计量意识。

(2)监控软件弊端。大型库房管理的软件监控一般是通过EXCEL软件制成的清单明细,对工具设备进行状态控制。计量器具同时有计量控制需要的计量号与工具管理需要的识别件号。由于工具种类多、数量大,很难对工具设备清单与计量器具清单进行统一管理,容易导致工具清单与计量清单的更新不同步。这样既容易产生人为差错,也降低了工作效率。企业应积极建立现代化水平的计量监控软件系统,把工具设备管理与计量器具管理有机地、科学地结合在一起。

(3)计量器具管理责任界线较模糊。在工具库房中,计量器具也是工具设备,计量管理涉及工具管理的方方面面,计量管理人员与库房管理员、工具设备工程师的岗位职责划分还不够明确,容易导致责任重叠,人员互相推脱。企业应严格划分计量器具管理人员的岗位责任,健全岗位责任制。

(4)自我监督环节较薄弱。抽查检定是计量器具管理自我监督有效手段,但存在落实不到位的情况,如:抽查的时间固定不随机;抽查的计量器具种类不随机;执行抽查的人员不随机等。除此之外,企业的质量内部审核是自我监督的重要途径,但往往着重于计量软件控制的审核而忽视了纸质版的监控记录。企业应建立定期审核与评审制度,加强计量器具的自我监督水平。

第五节 民航弱电专业的质量管理

一、质量管理的发展阶段

(一)质量检验阶段

这个阶段依靠检验单位和检验人员,利用各种检测设备和检验仪表,选择最合适的测试方法,对建设工程的质量活动和施工的不同工艺工序进行监督和检查,对整个施工过程严把质量关,杜绝不合格品的产生。

（二）统计质量阶段

统计阶段质量管理是指工程建设施工阶段中，运用统计的方法对施工过程进行质量分析和控制、研究施工质量状况，提出解决措施，降低不合格项，防止发生质量事故。

（三）全面质量管理阶段

全面质量管理是为了达到所要求的质量目标而进行的整体性的控制过程，是质量管理的高级阶段。而民航机场弱电工程由于所属行业的特殊性及重要性，对系统的性能稳定要求较苛刻，追求更高质量的工程项目，要求民航弱电项目进行全面质量管理。从项目的规划阶段、招标投标预防阶段、建设施工过程控制阶段到严格的验收阶段，每个阶段都必须按照规范程序控制，并要求各阶段参与单位和人员要有质量意识，保证工程的质量，并实现最终的工程质量目标。

二、民航机场弱电工程的质量管理

（一）弱电系统质量问题分析

一个项目的成功实施在很大程度上与业主的需求有很大的关联。同时，判断一个工程是否成功的标准不仅要看工程进度和成本及质量，还要看工程的使用方是否满意。据调查，目前智能化工程的建设中真正按进度、实施质量要求、投资完成而且让业主（用户）满意的只有极少数（20%），绝大多数工程都存在不同的问题，不少工程无法验收，或者验收完了整改不断。为什么会出现这么多的"烂摊子工程"，其中重要的原因就是缺乏有效的质量管理。由于弱电系统的重要性，其中的专业系统及接口界面多的特点（如离港系统、航班信息显示系统等），熟悉技术和具有丰富施工经验的专业人士相当缺乏。对民航弱电系统的定位单位也并不多，需要达到什么样的功能目标及方向，在设计阶段并没有形成初步的需求理念，对于先进技术的采用是否适合自己的现状，应该到什么高度，也没有依据及标准。系统施工过程中，有时为了赶工期，工程施工时间被压缩，导致系统调试时间太短、试运行时间不足、系统稳定性差等质量问题，返工量很大，工程质量严重受到影响。

（二）施工各方配合的原因导致质量问题分析

对于施工的各方的配合来说，每一个工程参与方的出发点都是不同的。对于各个承包建设工程中的各项指标、工程总体控制状况及工程质量等没有做到全面、及时、准确的掌握，在实施中都没有从自身的角度去考虑，导致在施工中的配合不顺畅。对于业主来讲，考虑的是确保功能的完善，装修公司考虑的是工期等，对于各个施工单位之间相互配合及协调的内容没有一个统一的安排，并且这种现象在各个参建单位中都存在。因此，各个参建单位之间的协调及配合是保证质量的一个前提。如果协调不好各个施工方之间的关系，不仅对工程质量的管理有影响，还会阻碍各参建单位之间的沟通。

（三）施工人员的技术能力导致的质量问题分析

当前，许多弱电系统工程除了项目管理人员之外，专业技术人员及专业的施工人员基本没有。有一些工程在中标后，将安装工程的主体分包给其他施工单位或者一些没有资质的施工单位，其结果是可想而知的，会造成大量工程质量问题，并且存在很多质量隐患，给业主方造成经济损失。有些施工人员不熟悉图纸，又不懂技术，工具仪器配备不齐，施工任务分配不明确，技术交底不彻底，对新设备、新技术、新工艺没有培训，没有检测的质量目标及质量标准控制措施。

（四）施工工艺方面出现的质量问题分析

在施工过程中，实施人员未按标准的工艺流程施工，造成各规格线缆使用混乱，线缆端头无标识或标识不牢靠，接头处理不当引起断路或者短路，广播业务分区错误、软硬件接口不符等。常见的主要有深化设计不够细致，自动广播与航班系统接口无法对接；接口测试不完善，自动广播软件与航班信息接口不稳定，广播业务分区与消防广播分区无对应，导致广播系统无法正常工作、系统运行稳定性差等。

民航弱电专业有多个子系统，如信息集成系统、离港系统、安防系统、消防联动控制及火灾报警系统、楼宇自动化系统、办公OA系统、电子围栏系统等，各系统对接口的要求都各不相同。由于在测试软件功能时，未考虑与其他系统的接口检测，导致系统无法完成联动试运转工作。

三、智能化项目质量问题解决措施研究

（一）提高施工过程的质量控制

要想确保施工质量就要加强其管理工作：①发挥集成商专业管理的作用，配备专业技术人员，严格按照施工工艺和行业规范的要求，通过需求调研等工作，完成系统的深化设计，在最终的施工图上明确技术要点、系统界面和系统接口，指导现场施工。②强制性文件：对工程项目要及时采用书面文件的方式进行质量目标控制，对存在问题的整改通知必须明确指出整改事项的回复期限及完成期限。③充分发挥监理的监督作用：严格按照有关规定做好设备、材料的进场检查工作，不合格的材料不得进场使用，对施工项目进行质量检测验收。

（二）设计变更方面的质量控制

弱电系统的突出特点就是技术和产品更新快，引起产品停产更迭等，导致重新进行设备选型，并调整技术方案，而且新技术产品的外形、接线和系统功能、接口协议也不同，也有现场因素引起的变更，施工单位需重新上报技术方案，并在取得业主、设计、监理单位的变更意见后，才能进行施工。

（三）材料质量控制

把好设备材料的质量。在进行设备及材料的采购过程中，一定要严格遵循设计和合同进行采购，材料供应商需出具检验报告、合格证等质量文件，应对供应商进行评价等。严格实行材料进场制度，对于进出场的材料设备进行严格检查。对业主提供的产品质量也需要严格控制，保障进出场的物资能满足工程质量的要求。

（四）第三方检测质量控制

民航专业系统的第三方检测报告作为民航机场工程行业验收的依据之一，属于业主（建设单位）平行委托，第三方检测机构能够独立与施工、监理单位进行检测工作，并且凭借技能、检测仪器的优势，能够严谨地对弱电专业系统进行检测，专业地提出问题并进行整改复测，对弱电系统范围内的技术条款和图纸点位逐条进行核实，通过对系统功能和性能的测试，及时发现系统的软、硬件质量漏洞和问题。

（五）工程检查验收与系统自检和试运行

应做好隐蔽工程检查验收和过程检查记录，并经监理工程师签字确认；未经监理工程师签字，不得实施隐蔽作业。采用现场观察、核对施工图、抽查测试等方法，对工程设备安装质量进行检查验收。根据有关规定，按要求进行检验，并按规定要求填写质量验收记录。集成商在安装调试完成后，应对系统进行自检，自检时要求对检测项目逐项检测。根据系统的不同要求，应按规定的合理周期对系统进行试运行，并按规定填写试运行记录，提供试运行报告。

近年来，国内机场建设步伐加快，市场竞争越来越激烈，用户对工程质量要求也越来越高，使民航机场弱电系统工程面临更多的挑战，为了更好地发展民航机场弱电系统，一定要在质量管理上进行创新，同时不断地适应市场的变化。根据弱电专业系统接口多、交叉作业面多的特点，在深化设计时要全面考虑系统的稳定性、开放性、可维护性、可扩展性等，提高设计施工质量，更好地提升机场科技水平和节能效益。

第五章 民航安全管理

第一节 民航安全管理面临的新挑战

安全是民航业的生命线。在2021年全国民航安全工作会议上，时任民航局局长的冯正霖强调，"'十四五'时期，要进一步认识安全管理本质特征，推进民航安全水平不断提升"。随着大数据、云计算、电子技术等新型技术快速发展，民航安全工作面临着诸多新挑战、新情况，要引起高度关注。鉴于此，本节归纳了国际政治安全、生物安全、数据安全、电子产品安全、产业安全五种民航安全工作未来可能面临的新挑战，研究分析它们的风险势头和隐患成因，并提出一些建议，希望能为提升民航安全水平提供有益参考。

一、国际政治安全

当前，新一轮科技革命和产业变革深入发展，国际力量对比深刻调整。突如其来的新冠疫情对国际政治、经济格局产生了深远影响，2020年在全球经济出现罕见负增长之时，我国是全球唯一GDP正增长的主要经济体，极大缩小了中美两国经济发展的差距，中国崛起速度令西方一些国家和政客忌惮万分。单边主义、保护主义、民粹主义等日益抬头，特别是以美国为首的西方国家不断对我国进行战略遏制和贸易打压。民航业作为国际运输和国家利益重要的承载方式，经济上容易受到打压，政治上时常被刻意利用。对此，我们应提高政治站位，保持清醒头脑，透过现象看清民航业发展与竞争背后国家政治安全面临的风险和挑战，吃透中央精神，慎之又慎地处理好国际民航运输的各种资源配置和利益纷争；针对潜在的民航政治事件、政治安全隐患未雨绸缪、定期研判，随时更新应对预案，并建立由相关各方参与的民航国际安全应对体制机制，完善制度保障，提高应急处置能力和水平。

二、生物安全

新冠疫情让人类对生物安全领域有了全新的认识和更深的思考。在全球化背景下，面对重大突发公共卫生安全事件，世界各国很难独善其身。近年来，全球相继出现了甲型H1N1流感、高致病性H5N1型、H7N9型禽流感、寨卡等重大新突发传染病疫情，传播速度更快，范围更广。新冠变异病毒的出现给全球民航业疫情防控工作带来了新挑战。面对生物危机引起的挑战，我们需要从长计议，既要常态化地防范各类病毒等生物危机，又要基本保障民航运输的正常运行。应探索构建预警、人防、技防、应急处置以及监督保障五位一体的协同运作模式。每年民航系统都要对一个时期全球和全国的生物安全进行分析、预判，加强战略谋划和前瞻布局，完善生物防疫特别是疫情防控预警预测机制，及时有效捕捉信息，及时采取应对措施；人防主要向乘客普及生物安全知识，制定乘客和机组人员及相关人员生物安全规则及执行步骤等；技防主要在生物防疫安全检测、一体化生物安全方舱拓展、机内生物隔离等方面取得突破；应急处置要建立旅客和货物溯源大数据系统，发现病毒携带者要有一套应急响应系统，及时、有效、高效地甄别直接密接者、间接接触者并能够有专门的车辆运送到专门的隔离医院；要建立专门机构统筹民航系统生物防控工作，依法建立规章制度，检查、督促、考核生物安全防控工作实施效果。

三、数据安全

在民航领域，网络安全、信息安全关乎业务平稳运行。近年来，全球针对民航信息系统、航空公司的网络攻击导致数据泄露的事件不断发生。如2015年，我国民航机票信息泄露案；2017年，美国纽约斯图尔特国际机场750G备份数据被盗；2018年，国泰航空数百万旅客信息泄漏等都为我们敲响了警钟。当前，我国民航业正处于深度信息化转型之际，"智慧民航""大数据分析""移动办理业务"等各项民航信息化工程建设正全面展开，信息化程度越高，信息安全问题越应予以关注。目前，我国民航数据安全工作面临的主要问题，一是航空公司和机场在数字化转型发展中，由于需要优先满足业务转型对应的功能需求，信息系统建设缺乏配套的安全架构设计和安全标准管理，安全漏洞较大。二是民航空管网络作为国家重要信息网络，目前施行全国一张网，信息安全压力大。三是民航其他信息管理系统，如民航业务物联网、办公终端、机场系统等，一旦遭遇黑客攻击导致瘫痪，轻则可能造成内部混乱、航班延误，重则可能带来飞行安全隐患。针对上述数据安全问题，技防上应加强网络安全保护技术研究，盯住"信息流"和信息系统两个关键核心，提升数据安全监测预警和应急处置能力，积极与国内前沿科技企业、互联网企业协同配合，提出整体安全解决方案，通过运用终端安全管理、网络准入、数据库操作审计、数据加密等手段、技术保障数据安全。同时，人防上要建立民航数据安全管理规则，从制度上保障数据的形成安全、存储安全和使用合法，对于盗取数据、泄露数据（包括航班旅客信息）、违法使用数据问题应给予及时、严肃处置。

四、电子产品安全

随着智能技术发展，智能化电子产品、科技电子设备广受市场热捧。相比电脑、手机等传统电子设备，智能穿戴、智能水杯、蓝牙耳机等新型电子设备在形态样式上更加趋近于生活物品，携带起来更加方便、隐蔽，虽然这些小型电子设备功率小，对飞行安全影响较小，但近期一款集蓝牙、无线充电、智能机器人等多项功能于一身的高科技电子行李箱问世，不禁令人感到担忧。随着微电子科技发展，智能产品与电子通信技术深度融合，将可能给飞行安全带来潜在的风险隐患。笔者担忧有四：一是新型电子设备样式隐蔽、不易被察觉，安检人员可能会当成一般生活物品进行处理；二是机场安检技术能否跟上电子芯片、智能技术的发展步伐；三是山寨版电子产品质量不过关，容易造成技术失控、受挤压起火等安全隐患；四是新型电子设备容易被不法分子、恐怖分子利用，将违禁物品植入便携设备企图逃避安检、危害飞行安全。因此，随着电子设备发展，电子产品安全未来可能成为影响民航安全的又一因素，对此应做好充分的思想准备，把好安检这道关，以电子设备的甄别处理为重难点，在安检标准、流程、技术等方面持续强化管理和更新；此外，在大力推行机场自助安检落地之时，对新型电子设备如何安全通过自助安检系统应进一步加强研究与解决。

五、产业安全

近年来，我国民航业发展迅猛，国际影响力和竞争力与日俱增。尤其随着国产大型客机 C919 下线，将可能改变民航客机产业市场格局。长期以来，美国的"波音"和欧洲的"空中客车"两家公司独领风骚，它们凭借着技术壁垒垄断了全球商用飞机领域，形成了"波音""空客"寡头市场格局。截至 2021 年 6 月 30 日，我国共有 3930 架民航飞机，其中，波音和空客公司占据了约 95% 的市场份额，国产客机只占 2%。作为全球第二大航空市场，我国的飞机需求庞大，若没有 C919 的出现，将使我国在购置民航客机议价谈判中处于被动地位。相比近几年波音 737MAX 频发空难，新研发波音 787 客机也出现安全争议，我国 C919 "好事连连"，试飞成功，客户订单与日俱增。目前，我国正致力于构建新发展格局，其核心内涵之一是在产业链、供应链两端实施高质量创新驱动发展。对于民航业来说，只有掌握核心科技，解决卡脖子技术难题，在民航客机研发上投入更多精力，走好融合发展路子，才能真正筑牢新发展格局下民航业高水平安全发展、高质量发展之基。

第二节 民航安全管理体系

伴随着经济的不断建设与发展，我国社会获得了较大程度的进步，飞机也已经成为人们重要的出行方式。而在这一情况下，民航就需要加强自身安全管理体系的建设，针对自身的实际情况，做出全方位的优化。本节针对有关内容进行了综合性的讨论与研究，首先阐述了民航安全管理体系，其次列举了民航安全管理体系建设的要素，探讨了安全管理体系的主要组成部分，最后提供了民航安全管理体系的实践。希望通过对有关内容的探讨，民航安全管理体系建设能得到有效进步，为其实际发展提供动力。

从以往的交通运输方式来讲，民用航空本身拥有更加显著的特点，例如，公共安全期待较高、运营风险大、系统性强。所以提高其安全水平，成为当前关注的重点内容。从我国实际情况可知，民航安全水平获得了稳步提高，安全管理也朝向信息化与科学化的方向不断进步。然而，在面对安全风险的过程中，依然会出现安全管理体系问题，受到相关因素的影响，需要从加强安全管理体系构建的角度出发，为民航管理工作的实际发展提供动力。

一、民航安全管理体系

（一）民航安全管理体系的背景

在长时间的运营之中，民航行业已经形成了完善有效的安全管理体系，其主要作用是对事故进行调查、研究与处理，避免出现相同的问题。从当前的实际情况来讲，社会对于民航安全的要求逐渐提高，国内的航空运输量进一步提升。根据相关数据可知，虽然民航中出现事故的概率已经明显降低，但是如果继续使用传统的安全管理方式，就很难进一步提高安全管理的整体水平。所以，民航行业一直寻找更加有效的安全管理体系，利用更加先进的理念与方式，改善安全管理的整体水平。这一管理方式是在体系与系统的基础上形成的，会在关注其实际发展的情况下，将安全有效的程序落实其中，并进行合理利用，进而降低相关风险。从全新的角度看待安全事故，这一创新所形成的体系，就是民航安全管理体系的优化。

（二）民航安全管理体系的重要性

安全已经成为民航发展中最重要的一部分，安全管理主要是为了给所有民航用户的生命提供技术保障，民航安全保障部门要借助高水平的硬件，还需要形成完善有效的管理体系。而民航管理体系为其提供了基础，已经成为民航实际建设与发展中的关键。借助这一工作可以使其朝更好的方向发展，解决以往存在的问题，为其实际建设提供动力。所以需要进一步加强民航安全管理体系的建设，为其发展提供动力，改善后续建设水平，优化其制定效果，为民航发展提供帮助。

（三）民航安全管理体系的区别

管理体系指的是，企业为了使运行要素或者是过程不断融合形成的系统，实现这一系统目标和管理目标。例如，质量管理体系的各项原则已经被看作系统管理中非常重要的思想，而安全管理体系中，各项内容会逐步进行测试，基本原则主要包括：不断改进优化质量管理体系的模式，以过程为基础落实相关原则和提高政策目标的基础，有效提高产品质量的方式是互利关系。而过程管理决策方法已经成为质量的保证基础，安全管理相较于其他企业管理体系中的绩效管理方法基本相同。安全绩效管理中含有管理绩效、绩效规划和绩效评价等不同部分。而且民航安全管理体系与其他管理体系也存在一定的不同，例如对象、要求和标准等方面都存在较大程度的差异。

（四）民航安全管理体系的实践

在民航行业不断建设与发展的过程中，经过长时间的探索，已经在安全管理方面形成了更加宝贵的经验。安全管理体系本身拥有系统化的特点，是非常重要的管理工具，其主要是在企业针对安全管理进行分析与实践中获得的，进而展现出了闭环管理和系统管理的特点。作为系统化管理工具的民航安全管理体系，主要目标是形成带有系统化与结构化的管理方式，进而提高安全管理的整体效果，使其能够在传统管理方式的基础上，得到进步与优化，实现全方位的管理。组织失效和人为差错都是人造系统中经常出现的问题，并且无法全面解决相关问题，只能借助优化与控制降低相关因素的影响。在民航安全管理体系不断发展的过程中，能够发现，企业本身拥有一定的管理基础，可以在设置过程中获得更大的优势。

二、民航安全管理体系建设的要素

（一）安全政策

安全政策是帮助企业优化自身安全生产的重要标准，安全政策需要符合安全管理体系，针对企事业单位在安全方面的要求，例如法律法规等，满足客户的实际需求。从我国安全生产法中的内容可知，其对于企业安全政策提出了要求，在实际运行生产与管理工作之中，需要将安全放在最重要的位置。而我国现阶段的生产方针主要是以预防为主，综合治理安全生产方针在经济建设与发展之中不断形成。从我国的实际情况来讲，需要针对当前的社会发展和安全形势所出现的变化进行深入的研究与分析，并制定出完善的解决建议，提高其整体建设水平，为后续工作提供保障；而在民航方面，则需要提高安全防护水平，减少各种不良事故的出现。

（二）责任权限

组织职责权限指的是安全管理体系中的基础内容，在落实各个岗位职能的过程中，需要保证岗位职责和管理过程的联系，进而优化组织机构设置的有效性。管理体系已经成为管理工作中非常重要的一部分，其主要指的是部分岗位的管理职责，需要明确落实管理过程的前后关系。民航运输行业在进行监管的过程中，会制定完善的法制体系，例如组织机构设置和人员任职资格等。我国航空就针对航空公司安全管理体系在组织方面提出了要求，其必须设置安全总监，加强对机场安全责任的管控。

（三）安全体系

在国际民航管理工作之中，利用了可接受的安全水平这一概念，而且提出，不同国家的民航管理工作，需要在现有安全管理方案之中，对可接受的安全水平做出分析。企事业单位在实际形成安全管理体系的过程中，需要进行过程管理，针对运行过程和管理过程进行优化，形成完善的监管体系。安全目标指的是企事业单位在不同阶段所处在状态，安全目标则是借助一系列的过程目标，对其做出约束。例如，在机场飞行区安全运行体系之中，就包括万架次跑道侵入事件和万架次鸟击率等指标。安全目标体系本身需要拥有以下特点，首先是能够实现，如果制定不可实现的目标，会对管理工作产生负面影响，导致其失去意义；其次是可测量，在优化过程目标的过程中，需要保证过程指标可以利用技术、管理等方式进行测量；最后是符合规定，民航运行规定的要求是安全目标体系的基本要求。

（四）安全策划

安全策划很容易被理解，形成安全管理体系初期，各单位在管理方面制定的规划。例如过程与绩效策划等等，安全策划过程中的重点是降低风险，加强控制，并将其转变为具体计划。例如，运行程序、管理程序等等。安全策划是关联风险管理和管理体系的重要枢纽，会伴随着体系的不断发展与持续建设而出现一定程度的改变。

（五）风险管理

风险管理包括两个基础内容，也就是政策与系统。政策指的是组织或个人在处理风险之中所利用的原则，或者是责任风险政策，指的是在政策的基础上，企业第一次进行风险管理的过程。首先是危险源的认识，在实际进行管理的过程中，危险源认识能够发挥出非常重要的作用，可以减少事故的出现，在以往的工作体系之中认为其包括设计因素、沟通因素、职责权限、环境因素和人员表现等多个方面。其次是风险评价，风险评估主要是针对事件发生的可能性和后果等方面进行评价。最后是风险控制措施，安全风险控制措施一般分为三种。第一种是规避取消，因为风险如果超出了本身的收益，不再运行就是最好的规避措施。第二种是减少活动次数，或者是利用能够降低风险的程度，避免受到相关因素的影响。第三种是方向隔离，利用有效的措施，避免产生严重的后果，或者是构筑冗余系统，进而降低风险的出现机会。

三、安全管理体系的主要组成部分

国际民航组织针对安全管理体系提出了大量的要求，也是国际民航企业管理机构制定自身管理体系的重要基础。不同国家可以根据自身的实际情况，制定更符合自身实际要求的文件。从我国的实际情况来讲，其主要关注以下几个部分。

第一点是管理承诺和管理计划，其主要是对安全政策、安全策划和组织保障的过程进行分析，形成安全管理组织的政策主要内容。

第二点是风险管理，其主要指的是安全管理的各项内容，也是保障安全管理工作落实的重点，能够为其提供组织保障，为后续优化与改进，提供全方位的保障。

第三点是体系检测评价与改善，其主要指的是安全管理。在实际落实的过程中，利用风险控制体系，对运行和管理方案进行不断的优化。

第四点是实施与控制，主要指的是管理行为，主动进行与被动进行都属于其中，包含内部审核功能检测、安全检查和评审等等。通过相关管理，能够及时发现其中存在的问题，并加强安全管理的整体水平。

第五点是安全信息管理，其主要指的是安全管理实际落实的基础，在安全管理工作之中，能够加强控制、优化分析，提前进行风险预警，预测安全发展方向和制定管理决策等等。其能够发挥出非常重要的作用，而且对于安全管理体系来讲，具有非常重要的意义，属于必不可少的一部分，对于后续建设工作能够提供很大的帮助。

四、民航安全管理体系的实践

（一）明确当前民航安全管理水平

要想形成完善有效的民航安全管理体系，必须进一步认识到我国民航安全管理工作的实际情况。在这一基础上，才能够使后续建设工作更好地满足实际要求，为安全管理体系的建设提供帮助。我国在20世纪末期开始针对民航安全管理工作进行研究与分析，然而当时主要是关于环境对工作人员心理、生理等方面影响的研究。经过一段时间研究之后，航空公司开始进行飞行员与机务人员的培训，关注人为因素所造成的安全问题。当前航空公司会从人为因素培训体系、规章制度等方面，针对有关内容进行研究。因为我国的民航公司在有关方面都存在一定的问题，需要得到进一步的完善，然而能够确认的是，现阶段的主要民航企业运行体系都已经拥有安全管理的基本框架，只要经过不断的落实与执行，加强整体训练效果，就能够使安全管理体系发挥出实际作用，为后续建设工作提供保障，使其能够满足实际要求。

（二）实现一体化体系的假设效果

通过对安全管理体系这一概念进行分析可知，依然有大量的工作人员和研究人员在讨论安全管理体系和质量管理体系，希望针对有关内容的研究，能够实现整体化建设。然而从实际情况可知，不同体系的兼容性高于对抗性，所以在实际研究之中，能够使其朝着一体化方向发展，因此航空企业所使用的质量管理体系，对于其后续建设与发展具有非常重要的意义。从这一角度来讲，安全管理体系处在快速发展和不断建设的状态之下，在实践中也能够证明，安全管理体系的概念和措施已经被吸收其中，所以安全管理体系的构建，需要从民航企业的角度出发，使多个体系，能够形成兼容性与一体化，促进其实现整体建设与发展。

（三）建设体系培养良好安全文化

从当前民航企业的实际情况来讲，其本身正处在自我建设阶段，非常重视自身的规章体系建设。然而，在这一过程中，需要认识的是，一套完善的规章制度并不能有效解决所有问题，而且规章制度本身相对滞后，需要不断进行优化与创新，才能够满足当前的建设要求。所以，有关企业需要引进更多的文化安全运营人员。安全文化的建设与发展需要只有在企业高层管理人员的帮助下，才能够有效实现。通过加强企业自身的实际建设与优化，可以形成更完善的安全文化，制定出总体建设体系，在这一基础上，才能够使民航安全管理体系朝积极健康的方向不断发展，为其实际建设提供动力。

（四）建立完善法规标准体系

安全管理法律法规已经成为政府进行民航安全管理工作的重点，也是企业实现安全生产与安全管理的基础，其能够有效地认识到在职人员的责任权益规范、在职人员在民航生产过程中的实施和管理行为，进而提高安全管理的整体水平，优化安全管理法律法规的各个层次，使其从多个角度实现整体性建设。在法律法规落实的过程中，需要根据国际、国家和行业建设等情况，进行深入的研究与分析。实际在构建安全体系的过程中，法律法规需要满足四个方面，首先是需要能够为民航安全管理工作提供帮助，其次则是与国际民航法律相吻合，再次是拥有良好的落实效果，最后是企业标准需要高于行业标准。在满足这四方面要求的基础上，才能够形成完善有效的法律法规，为民航安全管理工作的实际建设提供更大程度的帮助。

伴随着我国航空安全指导纲要的推出，各个单位的安全管理体系建设必须实现积极的创新，同时针对安全管理体系的落实，制定出不同的要求。管理部门需要从当前的实际情况出发,针对民航单位的管理体系进行综合性的评判,使其能够满足实际要求,为我国民航事业的实际建设提供动力、发挥出全方位的作用,进而获得更好的效果。

第三节 大数据与民航安全管理

随着大数据、电子信息技术以及云计算技术等新式技术的迅速发展,航空安全工作面对的众多挑战,成了近几年来我国社会广泛关心的问题,其中任意一个环节的疏忽都有可能导致安全事故。一旦产生航空事故便是很严重的安全事故,将给社会发展和家庭产生较大的危害,因而民航安全工作必须保证精确、平稳。鉴于此,本节梳理了大数据分析技术在航空安全工作中的应用面临的挑战,剖析了风险以及安全隐患形成原因,并给出一些指导性建议,期待能为提高航空安全水平给予参照。通过问题认清民航业发展与竞争背后我国政治安全遭遇的隐患和考验,谨慎地解决好民航运输的资源分配和权益争夺;对于潜在民用航空重大事件、政治安全风险防患于未然、及时判断,升级解决应急预案,并创建由相关多方参与的民用航空国际性安全解决机制,完善制度,提升应急管理工作能力和水准。

一、大数据概述

在移动互联时代,大数据的研发与运用蒸蒸日上。各行业报告表明,大数据引起了社会发展转型,更改了人们的生活方式,推动社会发展,与人们日常生活的各个方面息息相关,从居民饮食起居到我国决策制定等。世界各国政府部门陆续制定大数据发展战略,在应用创新方面加大研究力度,全方位促进大数据在各领域的快速发展。我国明确提出了大数据发展战略,把大数据视为战略资源。大数据分析是企业推动创业布局、改革创新以及转型发展提升的重要环节。大数据的产品研发和应用,离不了人的参与。因而,工作人员的管理方法是信息化管理的第一要素。与此同时,大数据技术在不同领域的应用,对其数据统计分析的要求也迅速提升,导致其面对的安全隐患在不断地扩大。因而,大数据的管理变得愈来愈关键。在加强大数据安全观念的条件下,恰当应用不一样的方式,与日常运维管理有着密切联系。在大数据给通信行业带来新发展、新机遇的同时,数据信息的集中管理方法、数据信息开放、设备虚拟化技术等新技术的应用特性和业务流程的新形态运用却给市场拓展带来了新的安全隐患。

二、大数据分析在民航安全管理领域的应用挑战

(一)数据安全

在民用航空行业,网络信息安全事关业务流程稳定运作。近些年,黑客对民用航空信息管理系统、航空企业的攻击造成的数据泄漏事情频频发生。现阶段,我国民航运输正处在深度信息化转型之时,各类民用航空信息化管理建设工程正在全方位进行,信息化管理水平越高,网络信息安全问题越应予以关注。现阶段,我国民用航空网络信息安全工作遭遇的问题如下:①国际航空公司以及飞机场在企业战略转型发展中,必须优先达到与业务流程转型发展相匹配的功能性要求,但其信息管理系统基本建设缺乏配套设施的安全设计以及标准管理方法,导致网络安全问题比较严峻;②民航空管互联网被视为我国的关键网络信息,现阶段实施全国一张网,网络信息安全压力大;③别的民航管理信息系统,如民用航空业务流程物联网技术、办公终端以及飞机场系统等,一旦遭受黑客入侵造成瘫痪,轻则有可能导致内部结构错乱、飞机延误,重则会产生航空安全隐患。对于以上网络信息安全问题,安防部门应该加强网络安全防护技术的科学研究,提高网络信息安全检测预警信息和应急管理工作能力,积极主动地与中国前沿科技公司、互联网公司协作、服务支持,明确提出总体安全解决方法。与此同时,在人防规范上要创建民用航空网络信息安全管理方法标准,从机制上确保数据信息的形成安全性、储存安全性以及应用合理性,针对窃取数据信息、泄漏数据信息(包含飞机航班游客信息内容)、违反规定应用数据信息问题应给予严肃处理。

(二)数据孤岛

在民航信息系统的建设中,航空公司、飞机场及民航空管等经营主体间存在明显的有效沟通短板。从宏观方面看,无法对综合型的数据信息开展合理剖析,不能达到现阶段安全工作的要求;从技术应用方面看,不同行业领域的数据存储方式、规范等缺乏统一性,在具体融合流程中存有较大难度。

(三)数据与信息转换通道不流畅

大数据在民航安全管理的具体应用流程中,必须打破技术性阻碍,因为借助传统的数据统计分析方法是不能与数据分析完成合理对接的。在大数据中,有90%以上的数据信息为非结构性数据,无法运用数据信息进行显示,因此大数据分析不确定性十分明显。

(四)大数据研究投入不足

现阶段,民用航空在大数据研究中缺乏优秀人才投入,并且缺少充足的资金。目

前的专业技术人才，针对大数据的理解尤其是具体运用上的体现还停留在表面，且在大数据发展中，许多企业不愿意投入太多资金，这些都变成大数据运用的阻碍。

三、大数据分析在民航安全管理领域的应用策略

（一）强化大数据的顶层设计

从别的行业大数据建设以及运用的过程看，经历了数据信息分散、数据信息融合以及数据信息深层发掘环节。第一个环节是进行数据采集体制和体系基本建设，积极开展数据信息产品研发的环节。第二个环节是多系统、服务平台的融合与数据预处理的环节。在经历了第一个环节的建设后，发现了信息管理系统、大数据平台各行其是、互相不融洽使管理效益不太高的问题，发现只有开展整合资源、实现业务流程协作才能更好地发挥大数据的功效。第三个环节是数据信息深层发掘并充分发挥巨大生产效率价值的环节。上一个环节还属于资源融合方面，完成了统一平台、协作调度等，但更多的生产价值就在于对整合数据的深层次发掘剖析。大数据的开发和运用必须有很多的资金投入，但目前大数据的应用会受到费用的局限，倘若没有丰富的商业支撑将难以保持。因而可以提议由政府部门主导，引进商业资本，一同建立大数据运营开发公司，运用领域优势，将收集分析后的大数据分为民用航空公益类以及民用航空商业服务类。根据稳定的盈利，既可确保产业链可持续发展，又能缓解政府资金投入的压力，完成合作共赢。

（二）建立大数据安全管理人才团队

在促进大数据在安全工作行业的运用时，必须有专门的大数据安全管理方法人才团队，以搭建更加合理的安全数据分析体系，并从繁杂的数据信息里提炼出有用的信息内容。大数据安全管理人才团队必须有三个方面的工作人员：①项目管理人员，必须十分清楚地掌握自身要求，及其所依赖的资源以及遇到的困境，可以高效地协调大数据系统的设计和运用；②数据信息构建者，依据项目的整体要求，协助团队评定什么业务流程问题可以解决，而什么不能够解决，与大数据系统设计人员开展对接，通常该团队中技术人才协助建立数据模型，帮助开发系统；③数据分析者，其对项目取得成功尤为重要，不但要专门的数据统计分析工作人员，而且还必须具备运作和安全工作专业技术人员，要从数据背后发掘有用的信息内容，以协助管理人员做出管理决策，并按时形成统计分析报告。自然，以上三类人员的分工合作在大数据系统搭建和运用全过程中是有机化地结合在一起的，可以不断优化大数据系统的应用。大力支持大数据安全管理人才培养一般包含三个层面：①项目管理工作人员一定要对本身要求有着清醒认识，那样能够高效地组织并融洽大数据系统的研发与应用；②数据信息构建者依据

项目的整体要求，协助团队评定什么工作问题可以完成而什么不能够完成，与大数据系统开发者协同合作，通常该团队中必须有技术人才协助建立数据系统，协助系统的开发工作；③数据分析者必须在数据分析方面有着十分专业的能力，还应具备一定的安全管理经验，那样才能够从数据信息之中挖出来有效的信息内容。

（三）以安全风险为突破推动大数据应用

因为大数据的应用是一项比较复杂的工程项目，在一望无际的数据信息深海中容易找不到方向，这就必须寻找一个突破点，由点到面地促进大数据在安全生产管理中的运用，融合目前的运用状况和安全工作环境，风险管控可以被视为重要突破点。第一步，以重要安全隐患为导向，明确与该风险有关的数据信息，并搭建安全绩效指标；第二步，选用现阶段先进的技术收集数据信息，创建数据采集服务平台或系统，并保证数据信息的真实性；第三步，创建数据处理模型，完成信息的预备处理，获得安全绩效指标；第四步，进行对安全绩效指标的检测时，对超过阈值的指标值开展安全风险预警或安全工作干预。深入了解各企业预算实行成果、遭遇问题、点评意见和建议，加强各部门预算绩效管理观念，为事后能够更好地进行点评工作打下基础。提高风险精确防治能力对于民航是十分重要的。促进数据信息的规范化及其标准化建设，依照有关规定完成数据信息在不同领域的互联，那样可以充分发挥数据信息网络资源的使用价值。例如，在航空安全管理中，可以共享安检信息管理系统信息以及公安机关数据库信息，那样民用航空单位就可以把犯罪者或是失信人等排除在民用航空出行人以外。

（四）完善大数据分析在民航安全管理领域的发展战略

首先，搞好大数据宏观设计方案，持续推进数据采集体制及其相关体系的建设；其次，加速数据产品的开发设计，逐渐打破部门间的孤立状况，完成数据信息的共享；然后，加速对目前系统以及服务平台的整合；最终，对大量的数据信息开展多方面发掘，逐渐融进民航安全管理体系中，为此完成从数据信息向生产力的转化。针对大数据而言，必须有一定的财力相支持．为了更好地降低政府部门及其民用航空方面资金投入的压力，可以引进市场经济体制，将大数据分为民用航空公益类和民用航空商业服务类，充分发挥其该有的使用价值。

综上所述，大数据技术是航空安全管理未来发展的必然选择，可以推动我国民用航空的安全建设。现阶段，因为航空安全管理方法在促进大数据发展层面，还具有诸多问题，使得航空安全管理方法在大数据的应用方面仍有很多发展潜力可以挖掘。坚信在不久的未来，大数据技术与航空安全的深度结合将极大地促进民用航空安全系统的发展。

第四节　SMS 的民航安全管理

安全是人类生存和发展的基本需求之一，民航的快速发展对航空安全提出了更高的要求，促使航空安全管理重心随着安全管理理论的发展逐步前进，从机械致因理论到人因研究再到建立在风险管理基础之上的安全管理系统（SMS），因此正确理解 SMS，取其精华，对建立有我国民航特色的安全管理体系具有现实的指导意义。

一、民航安全管理体系（SMS）

SMS（Safety Management System）是为了实现安全管理优化目标对资源规划所实施的一系列的协调、综合管理措施。SMS 本质是建立并实施系统的、清晰的、全面的安全风险管理和安全基础运行系统。它强调以系统化和积极主动的方式进行安全管理，强调事故的预防，倡导安全部门要特别注重安全计划，承担安全风险信息收集和分析、故障监察和排除等任务，提供与安全有关的技术支持，同时积极促进各单位内部的工作交流。

安全管理体系（SMS）的功能是将多个管理过程融为一个整体，并将风险管理贯穿整个管理过程，使系统具有更高的安全水平。它是预防组织内部或外部风险的过程，在横向和纵向上充分利用资源，进行主动的危险识别，发展良好的安全文化并能完善人的因素，规范人的行为从而营造一个安全的工作环境。安全管理体系（SMS）要求主动危险识别、风险管理、制定控制措施、监督和培训，也包括对事故征候和事故的调查和分析。SMS 的基础是领导层和责任制。为了保证 SMS 的安全管理效果，其结构上必须包含以下特征：管理计划；安全目标；文件和信息管理；危险识别和风险管理；事故过程和危险报告；事故调查和分析；安全保护大纲；安全管理培训；变化管理；应急措施；性能维护和继续性提高。

二、建立 SMS 的理论要素和步骤

（一）建立 SMS 的理论要素

安全绩效指标和安全目标：安全目标视何种安全绩效水平对具体经营人/服务提供者的适宜和实现情况而定，是可测量的。在确定系统的安全绩效时，必须决定使用什么样的标准来判断可接受性。国际民航组织对空中服务提供者的安全管理的规定中包括了可接受安全水平的要求，但可接受的安全水平视国家情况而定。在确定可接受的安全水平之前，首先必须选择适当的安全绩效指标，然后再确定可接受水平。

组织安排安全工作：管制单位的组织安排工作取决于活动量和复杂性，在组织安排工作的过程中，应该发动全员的主动性。

风险管理：风险管理处在安全管理系统的核心地位，空中交通服务活动需要基于风险管理进行决策，风险管理的各个过程贯穿整个系统之中。

对变化的管理：空中交通服务是动态性的活动，有关文件规定对于任何组织重组、引进设备、适用于指定空域或机场的空中交通服务程序的重大变更等需要安全评估。

（二）建立 SMS 的步骤

策划：策划是安全管理工作的开始，详尽周密的策划对于建立安全管理体系有很大的帮助。

高层管理者对安全的承诺：任何工作的开展都需要有高层管理者的支持，组织对安全的态度有利于形成整体风气。

组织：组织过程的具体方式和方法将直接影响到安全管理的效果。

危险识别：通过风险识别尽可能地找到影响系统的风险因素，是找到风险管理和成本消耗平衡点的关键。

风险管理：集中在可能引起最大风险的危险上，考虑的要素包括事件发生的可能性和后果的严重性。

调查能力：调查不仅仅限于事故后调查，事故的发生往往有事前的征兆，做好事前预防有效手段。

安全分析能力：利用有效的分析方法和基本逻辑推理规则客观地认清和评价事实情况的过程。

安全宣传和培训：体现领导层的工作态度，使全体人员认清安全形势，强化安全意识。

安全文件和信息管理：文件管理可以使管理工作规范化，信息管理是管理工作的基础，两者的有效运行可以使管理工作流程清晰，避免时间浪费。

安全监督和安全绩效监控：是实现系统管理方法所要求的管理闭环工作，通过信息反馈，能不断地改进管理办法，继续提高安全效绩。

三、建设民航安全管理体系（SMS）的措施建议

一是加强安全一体化管理。从安全管理体系这一概念诞生起，不少业内专家就一直讨论安全管理体系与质量管理体系、安全健康环保体系、保安管理体系等之间的关系。其实多个体系的兼容性远远大于对抗性，总体的趋势是整合为一体。因此安全管理体系的建设要和各个企业的实际情况相结合，要和现行的管理体系结合，达到最优

的效果。

二是转变安全考核方式。安全考核是落实安全责任制的主要手段。在安全责任考核中使用更多的过程性指标,降低事故征候率等结果性指标所占的权重,侧重于安全管理过程考核,以整改问题落实程度考核评估单位的安全状况,以整改问题的多少来评价领导者的能力,这样有助于实现"变事后处理为事前管理",也有利于各生产单位改进安全管理,夯实安全管理基础。

三是培养良好的安全文化。现在国内很多民航单位都在搞自己的规章建设,但是必须指出仅通过制定一部完备的规章覆盖所有情况是不可能的。规章是建立在实践经验的基础上,而航空技术发展迅猛,对于新出现的问题,规章建设显然是滞后的,因此应该认识到规章建设是一个长期不断完善的过程。安全文化建设是一个漫长的过程,其作用发挥也是逐步显现的,因此制定好安全文化发展的总体规划,坚持实施,才能成为保障航空安全的有力措施。

现在我国民航处于高速发展阶段,为了应对这个挑战,安全管理水平也必须相应地快速提高,否则安全管理就会出现漏洞,容易诱发事故。应结合我国航空业实际情况,从思想上客观地认识安全管理现状,从关系上理顺各部门职能,从行动上不断推进完善 SMS 的运用,整合多方资源,真正提高我国的安全管理水平。

第五节　民航安全管理的体制

一、民航安全管理的体制改革基础框架

自世界各国开始经营航空公司以来,民航安全管理一直受到关注。同时,随着近年航空事故和质量管理事件频发,民航的安全管理逐渐重视相应的风险管理。根据国际民航组织对安全管理的定义,民航运输的安全管理主要是指识别、分析和排除危险及威胁到组织生存的后续风险(或将之降低到可接受或可承受的程度)。根据上述定义,可知现行民航运输中的机场安全运输管理主要涉及危害辨识、风险预估、防止和控制等阶段。上述阶段构成了机场安全运输管理的不同风险预先控制级别。

二、中国民航安全管理现状及问题

(一)事后处理安全管理模式有待革新

就目前我国民航管理而言,存在事后管理的特征,故而笔者建议进行相对的"四不

放过"严格管理,即不查明原因不放过,不分清责任不放过,不采取措施不放过,不严肃处理不放过原则,根据违反相关规定的情节严重程度,可以进行相应的惩治措施,以调动、扣留、下岗等方式,进行必要的处理。

(二)安全运输管理体制中人为因素的重视度相对不足

随着大量新技术在飞机上的广泛应用,飞机自动化程度和可靠性大大提高,航空安全状况也随之得到了改善,但这并不意味着民航空中事故的减少,也就是说应当从危机管理理论中吸取风险管理的精华,以加强人为因素管理,提升民航安全性,特别需要针对民航管理运输中的主要分析行为者个体出错的各种因素和原因,结合其环境、工作压力、习惯、设备、培训、过于自信、未按规章、对风险估计不足、对问题视而不见等行为进行实时、动态监管和有益评估,并逐步提出针对性解决方案及对策;民航方面应积极做好对应的团体行为研究,即针对民航安全管理中的整体团队因素进行相关管理强化,从而提升整体安全管理的质量提升。

三、完善民航安全管理体制创新

(一)延伸机组资源管理至航空资源管理

自 20 世纪 80 年代末以来,资源整合管理一直被应用于运输部门的安全文化重组中,并得以广泛运用,它不仅具备整合现有航空资源的功能,而且帮助航空部门防治人为因素差错,并提升了整体效能。资源管理推动了团队效应的提升,并将这种关注和团队协作从基础的内部管理团队发展至保障性质的机组人员中,形成必要的商务性质资源整合管理,以及对整个航空系统的综合资源进行有效的管理,来实现更高水平的航空安全,特别是其中的民航安全管理系统的某方面,抑或是相对应管理问题,则针对相关行为从现有民航安全管理组织管理的内部人事、组织机构规程等方面进行自主的评估与调整。

(二)加强民航空系统安全体系

对于民航安全管理来说,其核心基础模块是航空基础安全,但其涉及方方面面,不仅包含飞机机组的基本维护和投入使用,更包含机场的空管、燃油、路线及机场保障等因素。例如土耳其航空公司的 DC-10 飞机在巴黎郊外失事和管制人员差错造成俄罗斯的图-154 和联邦快递 757 相撞等事故,纷纷说明航空生产厂家管理失策甚至整个系统的问题。也就是说对于航空安全管理而言,组成系统的各子系统的状况决定着整个系统的最终状况,只有每个子系统都可靠才能保证整个系统的可靠。故而建议,航空安全管理应该需要保证除了航天器飞行运转正常稳定外的,所有基础保障设施及运行后勤维护等组织部门的协调安全。当然,政府有着不可推卸的责任,政府在加强自身资源管理的同时，要引导企业加强各自的资源管理，为逐步形成安全体系打好基础。

（三）构建民航安全管理"容错"机制

所谓系统安全就是要求系统具有"容错"的功能，而对于民航安全管理而言，主要就是以优化后的系统，融合安全管理中的"个体"差错使负面影响最小化，当然"容错"功能主要是借鉴了飞机的"冗余"技术。故而本研究建议，针对"容错"，以强化的民航安全管理进行个体失误的协调控制，将民航组织机构对应的个体安全关注迁移至内部组织管理研究中，争取在不同的环境中组织内部人员进行纪律、行为、责任落实等全面的规范。

总之，要充分利用民航安全管理改革创新机会，从体制层面角度，进行基于理念、组织管理架构和相应方法的改革完善，从而实现民航安全管理工作实效的显著提升。

第六章 民航档案管理

第一节 民航机场建设档案管理

对于民航机场建设集团来说,要想在建设过程中取得良好的成效,就要重视对档案的管理。档案在人们的日常工作生活中,是人们在工作中进行下一步活动的凭证,具有为人们提供参考查阅凭证等一系列重要作用。但是随着现代人类文化活动的不断增加,传统的档案管理方式已经不能跟上时代的脚步,难以满足人们对档案的广泛需求。为使档案发挥更重要的作用,方便人们更加快捷地查阅档案,需要不断加强对档案管理的现代化进程,在加强对档案的管理手段的同时完善管理方法。

一、民航机场建设管理的内容

在我国,充分考虑民航机场建设工程的实际情况,设有专门的整理规范和统一用表。这些整理规范和统一用表明确指出了在建设过程中具有操作性和普遍指导性的基本要点和要求,所以在建设过程中应该准确执行。根据我国设立的相关法规,并考虑到建设机场的实际工作,将民航机场建设管理内容大概分为三个方面的内容:一是民航机场建设集团档案管理应包括项目建设档案;二是民航机场建设集团档案管理应包括人员信息档案;三是民航机场建设集团档案管理应包括财务信息档案。在民航机场建设集团档案管理的项目建设档案中,需要对民航机场建设集团所选的场址进行论证。包括机场所在地的地形和地貌,当地的气候条件,机场内飞机的起降方向和跑道方位,对于机场内的水电暖设施也要符合城市规划,环境和文物保护土地使用的建设要求。在初步设计阶段,需要在设计纸上充分考虑飞行区的跑道和排水情况,避免积水影响飞机正常起跑。在机场及其附近,为给驾驶员昼夜提供起飞、着陆、滑行等一系列引导信号,需要安装助航灯光照明设置。机场内的旅客航站流程、整体结构、机场内的给排水设施工程、消防设施、弱电设施都要通过设计图纸表现出来,并妥善保存建设过程中的施工图纸,为以后机场改建或维修提供保障。在机场建设施工阶段中,要保存好项目施工合同、测量复核成果图、施工工程检查验收记录和质量评定等一系列文件和工程验收阶段的建设工程设计合同的各项内容以及质量合格文件等资料，确保档案管理的安全，满足民航机场在建设过程中的要求。在民航机场建设集团的人员信息档案中，要确保民航建设集团人员信息能够根据人事管理要求随时调动，并得到有效管理，充分达到民航机场建设集团人事管理的要求。在民航机场建设集团的财务信息档案中，财务信息是民航机场建设集团管理效果的重要信息，机场内各项财务凭证、审批手续等都具有原始性。为了确保财务凭证和审批手续等重要信息得到合理保管，需要民航机场建设集团建立有关财务信息档案，并将这些信息列为重要管理内容。

二、民航机场建设档案管理的重要作用

（一）民航机场建设档案管理的主要任务

机场作为现代快速交通方式的重要过程之一，是各种信息交流的重要场所，可以极大地影响并带动周边地区的经济发展。更有许多城市在建设过程当中以机场为核心，将机场作为城市交通规划和建设的重要组成部分，积极推进机场所在地区的发展。机场在建设和发展的过程中，其周边地区的土地使用方式发生巨大改变，由原来的农业地区发展成为机场各种设施附属区。这些临空地区直接担负起与机场和民航运输相关的临空产业，临空产业的生存和发展也直接或间接地依托于机场和航空运输，但这也给当地建设提出了很多限制性的因素。比如在机场的建设过程当中，要时刻注意机场周围环境，减少机场对周围环境带来的生态破坏。这要求在城市和地区规划时将机场的发展列入城市或地区的发展规划，为机场周边地区的发展留有余地，并遵循可持续发展的理念，注重自然与社会的平衡发展。

（二）民航机场建设档案管理的重要性分析

由于机场的通信或导航等方面的档案具有高度保密性，所以民航机场建设集团在对通信和导航等方面的档案资料整理过程当中，将现代化信息技术手段合理安全地运用到机场建设档案当中，并将其归纳为特殊档案，由专业管理人员进行管理。随着社会进一步发展，现代化信息技术管理必然会成为民航机场建设档案管理工作的重点之一。我国档案存储的主要方式为卷宗，但由于现代社会信息更为广泛，尤其是机场建设档案资源更为复杂，其施工时间跨度也很大，这就要求档案管理方式具有很强的系统性和明确的编制体系，同时需要遵照国家相关法律法规对档案管理提出的要求。档案管理不止局限在竣工时，更要求在机场建设过程当中进行指导和控制，在机场建设完成之后对机场进行检查，严格把关。在进行档案管理时，需要充分考虑机场的实际建设情况，并明确管理的重点和要求。在机场建设过程中参与建设的单位很多，并且对每个工程的建设项目要求的专业性也很高，容易造成各个细节之间相互错乱无章。

但机场建设工程如果出现问题，则会导致无法想象的后果，所以在建设过程中不允许有丝毫疏忽。如果在机场建设过程当中，有一份较为完整的机场工程建设档案，便可以在机场建设过程中起到监管的作用，同时又为机场工程竣工后发生突发问题提供了依据和保障，也为机场工程竣工后扩建工程提供了重要理论依据。所以档案管理关系到整个集团的经营和运营，并对其有重要意义。从目前来看，民航机场建设集团的档案管理，关系到整个企业的运营水平。民航机场建设集团通过对档案的有效管理，将集团的财务信息和项目管理信息妥善保存起来，使其具有真实性和完整性，这样既满足了企业发展随时调用信息的目的，又为民航机场建设集团的整体运营提供了最基本的保障。同时，民航机场建设集团档案管理过程中，档案的管理内容全面，为企业在经营管理方面提供了充足的数据，有利于企业在管理方面进一步提高，从而确保企业在经营管理方面得到足够的保障和支持，所以说档案管理对民航机场建设集团有着重要意义。与此同时，民航经济建设集团加强对档案的管理，有利于提升企业信息管理水平。企业通过对档案信息进行管理，使许多源文件得到妥善保存，确保能随时对信息进行调动，提高了企业信息管理的效率。

（三）民航机场建设档案管理工作建议

要想做好民航机场建设档案的管理工作，须做好如下几点：首先，要大力提升民航机场建设集团对档案管理的意识。这需要民航机场建设集团大力宣传档案管理意识，让集团有关人员充分了解并仔细地对档案信息进行收集和整理。民航机场建设集团需要结合自身的特点，为工作者提供有效的档案培训业务，使档案管理工作健康有序地开展。其次，要确保机场档案管理工作与民航机场项目建设工程相适应。民航机场建设项目作为一个大工程，每一步都需要开展档案管理工作。大到每一个工程小到每一个单位，从项目刚开始建立到工程的竣工，都需要档案管理工作同步进行，以此确保工程的完整性、准确性和真实性。同时，民航机场建设集团需要做好档案管理监督检查工作。这需要民航机场建设集团将每年档案的数量、种类以及流动情况等相关问题真实报给档案室，档案室对集团提供的信息进行归档。为确保信息的真实性，档案室工作人员需要在集团年度评估时深入每个业务部门进行实时检查，充分履行对重要档案的监督。最后，民航机场建设集团可以将公司的档案资源做成系统数据库或者电子邮件等形式，并进行档案安全备份，既保护了公司员工的档案信息，又为公司提取档案提供了更多的便利。

综上，可以看出，机场的建设作为一个较为复杂的建设工程，顺利完成项目并保证项目的质量，跟机场建设档案管理工作有着十分重要的联系。这要求民航机场建设集团在明确档案管理原则的基础上，采用更为有效的档案管理方法，才能进一步提高档案管理工作的水平，促进民航建设集团的快速发展。

第二节 民航档案资料的收集管理

不管是什么类型的档案，都要遵循完整收集、简化分类整理、方便查找和使用的原则，尤其是民航这种规模宏大、资料复杂的行业。资料管理到位不仅仅是方便工作人员的日常使用和查阅，也为民航业以后的发展做出巨大的贡献。但是现在各民航机场在建设资料管理中普遍存在的混乱、不及时等问题比较严重，急需解决。

一、民航机场收集建设档案资料不完善的原因

（一）档案管理工作的制度不够完善

据调查研究发现，目前还有许多民航机场在管理建设档案资料中比较混乱，缺乏严格的管理制度。许多工作人员和管理部门对建设档案资料不够重视，认为其可有可无。所以对档案的收集、整理、编号、存档等工作也不够标准化，做不到面面俱到。因此，当飞行器遇到审核或相关维修人员想要调档查询的情况时，经常出现找资料浪费大量时间或者是档案资料查找不到的现象。虽然当场可以对相关人员进行解释，梳理出未查阅到资料的具体去向；但我认为，依然不是第一时间准确有效地找出所需的文件资料。这些是值得档案管理人员进行深度反思的。档案室应有更加明确的职责分工，责任应该落实到每个人，如果责任落实不到位，工作人员不专业，制度不够完善。这样的民航机场的档案资料的管理不能发挥其真实作用，起不到便于精准查找的作用，也就不能更好地为生产保驾护航，甚至会给民航的发展和创新带来阻碍。

（二）档案资料质量不合格

民航业建设和维护是一件大事，所以工作人员在收集建设档案资料时要格外上心，严格把好文件的质量关，确保资料的真实性。还有一些细节方面，如果工作人员不上心也可能会导致损失，例如资料文件的格式内容是否正确，需要盖的章是否齐全，是否存在缺页和漏页的现象等，这些都是需要工作人员在收集后去仔仔细细地检查的内容。还有资料文件的形式也是需要注意的一方面，资料要讲求多样性和丰富性，工作人员过于注重收集纸质文字资料，容易忽视视频、录音以及图片等资料，而且工作人员在搜集音视频资料时更应该注重其质量和真实性。

当维修人员操作中遇到困难时，想要第一时间查找到历史资料，有些可以在网上找到，也有很多不能，计划部门是不是可以把每份维修文件都用电脑识别的方法，以索引的方式，完善搜索功能，使产生的维修记录能够自动覆盖最初的或已判定符合报废

条件的资料。以上说的是网上直接索引出需要的文件。如果是必须送来的纸质文件呢？可以想象一下如果维修档案按照资料室提出的格式要求进行统一规范管理，例如从生产部门送来之前就进行明确标号，按照我们资料室提出的格式要求进行规范管理。

（三）档案管理工作缺乏完善的奖惩机制

不管怎么说，民航机档案资料管理工作确实是工作量巨大的工作，确实需要单位时不时给予相关工作人员一定的激励。我个人认为奖惩制度对于建设档案管理工作是十分有必要的，奖励机制可以激发档案管理人员的工作热情，让他们对收集档案资料这项工作更加用心，要是能给一个平台让有独特见解的人发挥其所长，那就更好了。

二、加强民航建设档案资料收集管理的策略

（一）完善相关的制度，提高工作人员对收集工作的重视程度

制度的不完善会使档案资料的收集工作缺乏一个坚实的基础，所以能否建立一个完善的制度是档案资料管理工作能否到位的关键和保证。首先，要熟知国家相关的档案管理法律法规，要以此为依据并结合自己的特点，制定有自己特色的档案收集管理制度。其次，系统也要伴随着制度的建立不断进行完善，一个完整的管理系统是提高建设档案资料管理效率的关键。最后，要有可信度高的文件资料收集渠道和途径，相关部门之间要加强联系和沟通，严格把好文件资料的质量关。尽量减少文件上出现漏签或错签的情况。而且，这些措施不仅对资料的收集管理工作有直接影响，还能够引起维修工作人员对资料的重视，进而对工作更加上心，进一步加强档案资料的收集工作。

（二）重视培养专业人才，提高工作人员的素质

许多人对档案资料管理工作存在认识误区，认为档案管理是十分简单、没有技术含量的工作。其实这种认识是十分错误的，现在许多高校都开设档案资料管理专业，培养专业的档案管理人才。所以，单位在招聘人才时要提高门槛，合格的专业素质是基础，同时还要考查应聘人员的责任心、耐心等因素，确保他们日后能够对工作上心。此外，对于在职的档案工作管理人员，单位要组织他们定期进行集中培训，确保其专业知识能够不断进步，跟得上时代发展的步伐。总之，工作人员的专业水准和综合素质是档案管理工作的保证。

（三）激发管理人员的积极性

前文已经提到了在档案收集管理工作中奖惩机制的重要性，也分析了当下在这一方面存在的问题。档案的收集工作可以说是档案管理工作的基础环节，所以这一环节的重要性不言而喻。对于工作出色的人员要给予奖励和激励，不仅激励他自己，也能

够激励其他同事努力工作。同时，对于工作不尽心而造成损失的人员，要根据其错误轻重给予相应的惩罚，给所有工作人员警醒。

（四）重视收集文件的细节，严格把好质量关

收集工作并非字面意思那么简单，工作人员在收集完后，要对所收集的文件进行检查。检查的内容包括文件格式、文件内容规范程度，公章是否完整正确，文件有无缺损，这些都是档案收集工作的重要环节，是不可缺少的。同时，工作人员要注意撰写公文，要高度重视资料的质量。

总之，民航机场的大力发展是由方方面面都到位的工作组成的，而档案资料的收集管理工作就是所有工作的前提和基础。但是现在建设档案资料管理工作存在着各种各样的问题，想要解决这些问题，就要具体分析并找到其根源，然后结合国家相关政策和民航档案存档本身的特点制定有效的解决措施。

第三节　民航干部人事档案数字化管理

如今，我们国家经济发展迅速，新业态、新形式层出不穷，这对高精尖人才的需求同步加大，尤其是科学技术在大众的生产生活中成为发展和创新的主要动力，给我们带来了极大便利，传统的干部人事档案管理模式也必将做出新的尝试与改革。民航机构作为领军行业，人事档案数字化的建立可作为民航人事资源库。它的科学化管理十分重要，可直接影响民航机构的发展。因此，民航的人力资源管理部门需要不断强化对档案管理的认识，并且持续地探索、创新，让人事管理工作更加高效和科学。

一、干部人事管理数字化的重要性

将民航干部的人事档案进行数字化的管理是综合性很强、有改革创新意义的系统性工程。干部作为高精尖人才，他们的档案都较为丰富，相关资料多且繁杂，数十类的个人材料记载着干部发展的点滴历程，不仅是个人经历的见证，它的准确程度也会对干部的个人工作和生活产生直接影响。民航干部的人事档案是推进工作过程中的重要组成部分，通过对档案的深入了解，可以知晓干部以往的工作生活经历和在工作中做出的业绩和贡献，可以给人力资源部门提供重要的资料依据，给公司选人用人提供了一个重要渠道，赋予人事档案生命力。

同时，干部人事档案的细致程度、精准程度，可以体现民航公司对人才培养的重视程度及培养的效果。在干部的相关资料介绍中，准确了解每一位干部的专业素质，优缺点可以清楚地陈列。与之相对，干部本身也可以通过个人档案对于自我有清晰的定位，方便自身进行更全面的塑造，取长补短、不断完善自身素质，有针对性地进行系统、科学的学习，对自身的职业规划起到良好的作用。除此之外，数字化系统的建立也可以增强人事部门的创新力。

过去，民航各级各类的干部人事档案多以文书的形式存在，查阅时耗费时间长、效率低，有时候会造成接触性的损坏。若是采用数字化建档便可以避免此类问题的出现，实现网上的即时浏览、查阅，改善传递过程中的破坏和丢失，并且可以实现干部档案信息的资源共享，灵活便捷，有效提高档案利用效率，发挥出数字档案的共享性、复用性、交互性。

二、干部人事档案数字化存在的问题

（一）民航档案收集更新不及时

干部的工作经历是不断变化的动态过程，因此人事档案应该处在持续更新的状态。由于有些人事档案管理人员的认知不足，会出现没有及时更新档案资料的情况。例如：年度考核表、职称评定表格、工资表格等。这样的情况会导致人事档案材料不全面，缺乏连续性，没有办法准确地体现出民航干部的个人发展经历。一旦出现干部的调动，很有可能出现信息的缺失和遗漏。

（二）民航体系内高素质复合型档案管理人员缺乏

要实现干部人事档案的数字化管理体系，建立一支熟练掌握数字化信息知识的档案管理人才队伍十分重要。当前此类人才的缺乏，成了人事档案数字化建设和运用的阻碍之一。这是由于当前的干部人事档案管理部门大多未设置专业科学的专业知识培训体系，使管理人员的业务水平没有及时跟上数字化管理系统的更新，局限了人事档案数据的整理和开发深度，降低了人事档案的利用率。要建立这类完整成熟的培训体系，普及最新的计算机技术、通信技术、数字化技术的教育，还需要进行一定时间的探索和完善。

（三）民航内部档案资源开发存在局限

民航内部干部人事档案利用率低是目前存在的大问题，在现实工作中人事档案的检索、查询使用十分频繁，目前的数字化系统由于还未完全成熟，在提供服务的方面存在一定封闭性和被动性。并且，将原本的纸质档案录入计算机的初期，由于纸质档案保存的时间差异、材质的不统一，数字化后的档案可能字迹清晰程度不同，在扫描的时候文字识别率较低，图像模糊、有重影，即使使用电脑修复，有些破损的地方在修复后也效果欠佳。这样在档案数字化工作的开展中，就需要大量的工作人员来操作，整理归档，资金的投入较大，产生的效益却不高。

三、民航干部人事档案数字化的主要措施

（一）提高优化基础设施配置水平

信息化背景下的人事管理改革工作中，技术和设备的保障是前提，因此要加强基础设施的建设，做好工作的必要保障。对于先进的技术和设备应该积极引进和购买，顺应时代的信息化发展及时地更新，建立健全信息管理的网络体系，加大对干部人事信息的收集、存储、加工、更新等各类环节的工作力度和细致程度。集中人员构建人事档案数字化管理系统，搭建档案网络应用平台，拓宽服务的范围。在网络建立上也要注重安全方面的问题，可以采用时间线、使用次数等方式完成阅档的授权，在阅档的过程中进行详尽的日志记录，以此保证数字化系统的平稳运行、服务的高效并且保证了人事档案的安全可靠。在提高干部档案信息的时效性的同时，也要落实资料的保密性，注意信息的保护，严格遵守法律的要求、民航单位的制度，保障干部人事档案的真实性。

（二）加强人事档案管理队伍建设

信息化的人事档案管理虽然依托于先进的设备，但最终还是由人来操作，因此提升民航档案管理人员的能力和素质十分重要，是数字化体系建立的关键。建立人事档案的数字化管理工作主要是在企业人事需要使用档案时提供便利，所以需要提升人事档案资料管理的服务水平。一方面，加强对相关人员的专业培训，聘请专家进行讲座教学，以及邀请高校专业老师进行长期定期的培训课程来提高档管理人员的专业技能。

另一方面，在管理档案的期间要制定按时汇总档案信息的制度，及时补充民航机构储备人才的详细资料，为企业科学地选拔管理人才提供丰富可靠的依据。在数字化档案建立时，按照专业、特点、能力的不同进行归类，这样才能更好地分配人员进入相应的岗位，促进民航机构内部的发展和进步。

（三）创新民航人事档案管理机制

对现如今的民航干部人事档案管理现状，人事部门要创建一套适合组织部门实际需求的管理机制，使干部人事档案的工作走上效率化、精确化的运行轨道。

因为干部人事档案有安全性和保密性的双重特点，在制定符合民航企业实际的干部信息采集、纸质档案、数字化档案的规章制度时，要有双套的管理机制。

另外，对于档案管理人员也要有严格的要求和监督。例如：成立文件检索以及档案查阅的审批流程，严格审批登录用户的资格、登录终端的地点等；也要定期让专业团队检查授权终端的运行是否正常，明确登录用户的责任和权限；探索推行数字档案的

每日扫描、每周备份制度,以此来为数字化档案的使用提供制度上的保障。

总而言之,民航干部人力资源的数字化意义重大,是推动企业进一步发展的关键之一。做好这项系统工程就是奠定好企业用人的基础资料,需要民航各部门的积极配合、共同努力。

创新思维模式,多学习多总结,加强数字化专业技能的培训。做到能及时发现问题,直面矛盾点,借助现代化设备和技术解决好问题。进一步提高人力资源的使用效率,为企业的高效科学用人打下坚实基础。

第四节　新形势下民航专业档案管理

民航专业档案工作是民航各项工作的重要环节和组成部分,是记录和维护中国民航事业发展真实面貌的一项重要工作。随着民航事业高速发展,民航专业档案管理的信息保障作用日益显著。本节通过阐述民航专业档案管理的重要性,分析民航专业档案工作面临的新形势下的挑战,进而提出促进民航专业档案管理水平提升的具体措施。

一、民航专业档案管理的重要性

民航各行业活动中形成的文件、记录、表格,是民航工作的真实记载,归档后成为民航专业档案资源的重要构成,在民航工作中发挥着重要作用。

(一)民航专业档案的有效管理,为业务管理提供质量保证

文件是民航各项业务管理的重要依据,文件控制是业务管理过程的重要活动。现阶段,文件过程控制被纳入档案管理范围之中,将民航专业文件材料的形成、积累、整理、归档列入业务部门人员职责中,形成严密、高效的文档管理网,实时跟踪业务流程,评估业务活动质量,通过归档、查阅等方式,考核业务工作是否按照民航规定和程序完成,对民航业务管理起到监督、检查的作用,从而提供质量保证。

(二)档案部门的通力协作,为业务管理提供信息支持

档案部门作为基础性管理部门,在民航管理体系中受到了特别重视,担负着重要职能。民航各专业的日常工作中,档案部门均要参与其中,全面负责专业技术文件和资料的组织和归口管理,一方面有利于民航业务管理体系能够正常、高效地运行,提高民航管理层次;另一方面促使民航专业档案管理更加规范化、标准化,为业务管理提供强有力的信息支持。

二、新形势下民航专业档案管理面临的挑战

民航专业档案是各行业履行职责、开展工作的信息支持和保障,是民航的核心信息资源。新形势下,对传统民航专业档案的管理范围、管理形式等方面提出了更高的要求。

(一)对民航专业档案管理范围提出新要求

作为文件资料和质量记录的归口管理部门,要求档案部门深入基层,了解各业务专业文件的形成,既要负责检查文件资料是否完整准确,又要对归档的各类文件进行最终验收,并按照程序规定对过程文件、记录予以管理和监督,保证各个环节的档案资料完整、系统。文档管理中所说的质量要求,通常是对文件和档案的归档数量、保管状况、保护修复等日常工作的要求,而在现阶段,除强调上述内容外,更主要的是对文档信息的权威性、全面性、准确性及实用性等内容方面的要求。档案管理人员的工作重点要从传统的"管理员角色"转换为"业务信息员角色",在民航各业务活动中起到不可或缺的参谋作用。

以"飞行校验报告"为例:飞行校验是指为保证飞行安全,使用装有专门校验设备的飞行校验飞机,按照飞行校验的有关规范,检查和评估各种导航、雷达、通信等设备的空间信号的质量及其容限,以及机场的进、离港飞行程序,并依据检查和评估的结果出具飞行校验报告的过程。飞行校验报告是校验员执行任务完毕后,在作业场所出示校验报告作为本次校验科目的有效凭证。在专业档案管理过程中,档案人员通过和飞行员、校验员分析、讨论,重新对校验报告内容加以规范,按照校验科目分别制定了ILS(仪表着陆系统)飞行校验报告模板、NDB(无方向性信标)飞行校验报告模板、V/D(全向信标/测距仪)飞行校验报告模板、PAPI(助航灯光)飞行校验报告模板等,重新审核修改了模版内容,如NDB(无方向性信标)飞行校验报告模板中要求列出机场名称、台站名称、校验种类、圆周飞行校验结果(发射机号、检查高度、检查半径、指针摆动、覆盖范围)、径向飞行校验结果(径向线用途、方位、开始位置距台距离、结束位置距台距离、识别、语音、过台等);此外,重新规定了必须由机长和校验员同时签字确认方可生效的管理规定。以上做法可以确保飞行校验专业档案的准确性、规范性、权威性,促进档案管理水平提升。

(二)对民航专业档案管理形式提出新要求

为配合民航业务管理模块,一是要求民航专业档案管理推进信息化工作,适应新形势,调整新方法。民航各行业要积极争取单位领导或信息部门的支持,建立专业档案管理系统,积极应用专业档案管理系统开展日常专业档案工作,做到专业档案与业务流程无缝连接。二是要求加快传统载体档案数字化工作,要以"消化存量、消灭增量"

为目标,将专业档案数字化作为一项常态性工作,要以"需求为导向、必要为原则",将重要的专业档案优先数字化,以便于适应民航业务管理需要。

以校验飞行FOC航班控制运行系统为例,此系统经过三年的技术研发,于2012年正式上线运行。FOC系统用于校验飞行前运行签派、航行情报等工作,在该系统中完成飞行信息内容填写、任务下达等操作环节。技术研发时,档案人员参与在内,提出系统要自动生成业务文件,并完成自动归档,从而实现飞行校验业务操作与专业档案管理的无缝连接。目前该系统运行状态良好,专业档案存储有序、完整,便于日常利用查阅。

三、新形势下提高民航专业档案管理水平的具体措施

新形势下民航档案工作的总体要求主要是服务于民航改革发展大局,紧紧围绕民航安全等中心工作,以档案收集齐全完整、管理科学有效、服务优质到位为目标,结合各门类档案实际,规范基础业务建设,不断提升民航专业档案工作的能力和水平。档案部门应从以下几方面着手,提升民航专业档案管理水平。

(一)规范队伍建设,打造专业档案管理团队

各单位应建立党委统一领导,档案部门归口管理、各部门共同协作的档案工作机制,明确档案管理机构,配备专兼职档案人员,打造一支爱岗敬业、技术过硬的专业团队,积极稳妥开展专业档案管理工作。此外,各单位应明确1名分管档案工作领导,每年至少听取1次档案工作汇报,及时研究并协调解决档案工作中遇到的困难与问题,为档案工作顺利开展提供人力、物力、财力等方面的保障。

(二)加强宣传教育,提高专业档案管理意识

民航专业档案管理最大的问题是员工档案意识不强,导致档案收集工作难以快速提高,极大影响了档案工作的进展和质量。

可以以单位成立纪念日、"国际档案日"等为契机,创新宣传内容,拓宽宣传渠道,从实际出发,以丰富的档案资源为依托,通过举办展览、座谈会等多种形式的宣传活动,充分展现档案"存凭、留史、资政、育人"的特殊价值,充分发挥档案工作"记录历史、传承文明、服务社会、造福人民"的重要作用。通过档案宣传,提高员工专业档案管理意识,既可明确专业档案在民航工作各项活动中不可或缺的重要地位以及对民航管理的重大影响,同时也可提高业务人员对档案管理的重视程度。

(三)提高培训力度,增强专业档案管理技能

各单位应加大培训投资力度,提高业务人员专业档案管理新技能,加强创新意识、创新方法,实现民航专业档案管理新常态。

加强档案管理人员督导能力。民航业务工作内容烦琐、程序复杂,档案部门只有

保持深入基层的连贯性和持久性，才能保证文档的准确性和完整性。培训使档案工作者及时了解各业务环节需要保存的原始记录，从源头掌握归档范围，掌握第一手资料，履行好监督、指导、检查的作用，确保能够反映业务全貌的文件资料及时归档。

加强业务人员档案管理技能。各单位可规定业务活动中生成的技术和管理记录要由业务人员亲自归档，这更有利于业务人员了解文件、记录在中心质量管理中的重要作用，增强了全员的档案意识，使人人都成为"档案员"，并且将业务文件的收集整理工作作为日常工作，并纳入工作职责中，作为年底考核内容之一，一方面可以确保业务文件及时有效归档，另一方面可以为业务人员提供有力的信息保障。

（四）完善过程管理，实现专业档案闭环控制

民航业务管理的关键在于全过程的闭环控制，文件控制作为贯穿业务活动全过程的关键要素，在各项工作实践中极为重要。

对文件和资料进行全程控制，将文件控制纳入档案工作的管理范畴，使档案工作从孤立的"归档后"管理扩展到文档运动周期全过程的管控，真正实现民航专业档案的闭环管理。民航专业档案管理注重文件的现场管理与质量记录的凭证作用，强化了文件资料的连续性，是保证文件资料收集、整理的十分有效的措施。

对业务日常文件进行合理分类和编号，细化日常文件管理要求。因分类编号的规范程度能够反映日常文件管控的科学性和系统性，所以分类编号既要符合民航业务管理体系规定，又要符合档案管理的标准。为此，各单位可根据行业特点，制定业务文件编号规则，对规范现行文件管理、确保归档文件准确性和完整性起到重要作用。

（五）严格归档管控，确保专业档案资源质量

文件的归档是文件转化成档案的最后环节，不可掉以轻心。民航专业档案管理规定了归档范围，也明确了业务人员的归档职责。档案部门应变被动为主动，及时了解各业务环节的进展情况，督促相关部门对各阶段的文件资料进行归档，保证在民航业务活动中能够准确、及时地提供档案信息，主动、最大限度地发挥档案部门在民航各项工作中的重要作用，提高专业档案质量。

（六）树立竞争意识，展现档案人员职业修养

档案人员的综合素质，决定了专业档案工作的质量。高质量的专业档案管理，为民航的发展提供科学可靠的历史凭证。新形势下，应从以下几方面提高档案人员的职业素养。

树立职业竞争意识。现如今，档案人员思想过于安逸，毫无竞争压力，缺乏提高自身修养的意识和动力。档案人员应增强危机意识，在竞争中求生存，在竞争中谋发展。各单位应加大激励机制，将档案工作考核标准细化，形成竞争上岗的良好态势，促进专

业档案工作平稳、有序开展。

努力提高综合素质。档案人员应具有较强的反应、判断、归纳能力,积极协调各业务归口部门关系,及时将业务档案收集齐全;对已归档的业务档案要有分析、鉴别能力,如材料是否有保存价值、内容是否完整、整理是否科学、检索是否方便等;此外,档案人员要具备创新精神,充分发挥自身能力,挖掘专业档案信息、服务内容,提供更深层次的专业档案分析数据,开创专业档案管理和开发利用新局面。

综上所述,民航专业档案管理是反映民航各专业管理水平的重要标志。业务管理的过程同时也是形成专业档案的过程,而专业档案管理工作的提升又可以促进民航业务工作发展,两者相辅相成、相互促进。民航档案部门应当抓住有利时机,将民航专业档案工作提高到一个新的管理水平,为民航各行业过程管理提供可靠的信息保障和技术支持,切实推进民航档案工作迈上新台阶。

第五节 民航机场档案信息化建设

伴随着科学技术的持续化发展,一些尖端的科学技术也被逐步运用到各个领域当中,并且发挥出了至关重要的作用。这当中,信息化建设更是已经成为大众日常生活与工作不可缺少的关键技术基础。而民航机场作为最具代表性的公共场所,其人员架构较为复杂且流动性特征极为显著,倘若要全面对机场的服务以及安全展开深入化管理,就需要信息的充分支持。所以,加强机场档案信息化建设,可以在很大程度上提升机场的管理运作效率,从而更好推动民航机场管控理念的持续化革新。

一、民航机场档案管控工作开展的特征解析

相对其他单位而言,民航机场档案的品类相对繁多,因此更具有系统化特征,其在民航机场的安全运作体系当中拥有着极为关键的作用,也是民航整体管控工作开展的关键所在。

(一)档案品类多样性特征

民航机场档案品类相对较多,其不仅包含了所有运作部门平日的纸质档案,同时也包括人事的相关资料、机场之中的监控资料以及班次的运作情况等相关的电子资料。民航的机场档案不仅包含了纸质、影像等多元化的媒介档案,同时存在着众多系统所产生的众多格式档案。这些档案布控在民航机场的所有管控体系当中。

(二)档案资料的机密性较强

保证飞机运行安全是民航企业最为核心的工作,航班路线、机组人员、乘客以及基础设施等信息数据都需要进行保密管理,进而更好保障每班次飞机运行的安全,所以,这些数据所形成的档案同样也需要依据密件形式进行妥善处理,但这也在无形中给民航档案管控工作带来了诸多的不便。

(三)档案内容的复杂性

民航企业的业务运作涉及了众多的区域甚至是国家,而不同的区域之间具体的法规等有着极大的区别,特别是语言方面存在着本质上的区别。这也导致每一个班次往往都需要整理成为多种的文字档案资料进行保存。民航机场需要面向众多航空企业的业务,档案的形成通常会涉及众多区域以及国家的航空企业,且整体的数量极为可观。

二、民航机场档案信息化建设的具体举措介绍

(一)提升认知,全面做好前期筹备工作

首先,增进相关资金的投入。民航机场档案的信息化建设需要购入相关专业的硬件设施与软件系统。所以,相关运作资金的筹集、管控与规划是必不可缺的。各个系统以及部门的负责人都需要增强对档案信息化建设的重视度,同时保证相关运作资金的充足。当运作资金无法全面落实的情况下,也需要保证相关设施的品质性,这也是后续档案管控工作高品质开展的重要基础保障。

其次,需要全面增进档案库房的建设。民航机场档案的信息化建设当中,档案库房建设的要求也相对较高,除了占地面积之外,同时也需要充分保障档案库房当中的湿度、温度等达到相关硬件设施的标准要求。通常而言,档案信息化设施的库房不适合建立在一层或者顶层,库房的封闭性也需要充分保证。

(二)民航机场电子档案文件的充分运用

首先,需要积极推动档案管控从纸质有效转变为电子文件的管理。档案管理从纸质转化为电子文件管理,可以更好提升机场相关工作人员对于档案资料的运用效率。而当档案是以纸质存储时,民航机场的相关管控人员可以借助档案运作系统登录,不受限于周期与空间,从而可以有效实现实时化查询所需的相关档案去解决实际工作中所遭遇的问题。

其次,需要全面探究大数据时代电子文件的充分运用。大数据时代具体指的是在社会运作以及管控服务的过程中,借助当代信息化技术收集、传输、汇编最终形成的超越以往数据的全新数据时代。其具有运作数据量相对较大、类型较多以及处理速率相对较快等特征。在大数据时代的引领之下,民航企业应充分转变管控理念与运作模式,

借助对机场、班次等多种化数据的全面整合共享以及提取解析，从而达到管控理念与服务模式的充分改变。电子文件作为档案信息化运作的核心构成环节，也是大数据时代下的基本数据，科学、全面地运用民航档案资源的电子文件，从而有效为大数据时代下的机场管控、服务转型提供基础的支持。

（三）充分做好新媒体时代下的电子档案整合管控

在没有全面实现电子档案的归档运作之前，档案主要是文字档案为主，影像、图片往往只是占据其中相对较少的比例，所以此媒介的档案难以有效管控。而这些档案往往是全面展现机场运作情况的重要资料。诸如极端天气情况引发较大区域航班延误时机场内的旅客反映，机场所有部门之间的整体保障情况等。倘若可以有效形成档案，则对于民航机场工作开展效率可以起到很为关键的推进作用。在机场内出现突发状况时，往往相关的工作人员无暇做好相关突发情况的周密记录，因此除了向机场内的相关部门进行收集之外，档案管控工作人员还需要注意保留线上端的图片以及视频等资料。同时，开展电子档案创建之后，可以更高效导入到电子档案的系统当中进行妥善保管。

（四）增强培训工作

持续优化档案管控人员的知识架构。增强专业素养教育，在民航机场档案管控工作人员心中创建档案运用的价值与服务观；持续化调整教学的具体内容以及模式，在教学的内容当中，不仅需要保护图书以及情报等专业知识，还需要全面囊括更多元化的知识，诸如信息化加工处理能力。

综上所述，档案信息化具体指的是运用信息技术生成、管控与开发运用的整体化进程。增强档案建设，全面开展文档整体管控，是保障文件整理完善的一种有效方式。从构成架构而言，平常的客户资料、机场当中的监控资料、班次状况等都是保障民航机场日常高品质运作的基础信息，同时也都是机场档案管控的核心构成环节。因此民航机场档案信息化建设，需要充分保障其与社会信息化的同步化发展，从而为民航机场日常工作的高效运作提供关键的信息支持。

第七章　民航风险管理

第一节　民航运输企业财务风险管理

近年来随着交通运输行业的飞速发展，民航运输企业面临的风险和挑战越来越大，既要积极应对来自国内外市场经济环境下的各种考验，避免出现经营危机，又要抢抓新形势下的发展机遇，保持行业竞争优势，势必要站在企业战略发展全局的高度，强化管理人员的财务风险管理意识，提高风险识别、分析和应对的能力，使财务风险控制在企业风险容忍度范围内，推动企业高质量发展。

一、民航运输企业财务风险的种类

（一）投资风险

为适应发展需要，满足不断提升的航班保障要求，民航运输企业在经营期间会不间断开展软件和硬件项目投资。对民用机场而言，地面运行保障单位千差万别，专业性和安全性要求高，机场改扩建、智能化、数字化、信息化等各类项目投资建设伴随发展全过程。如果对投资项目缺乏合理性、可行性、必要性分析论证，或对项目招投标流程及合同履约情况跟踪监管不到位，就会导致预期投资和实际投资、预期回报和实际回报之间产生差异，造成投资损失和国有资产流失。

（二）筹资风险

主要是企业从外部筹集资金面临的偿债风险。民航运输企业项目投资金额一般较大，项目资金主要通过自筹、申请民航专用基金和债务筹资等方式筹集，其中债务筹资占比较大。债务筹资成本相对较低，但有固定还款期限和利息支出，企业可能存在因资金紧张而无法到期还本付息的风险，而且大额举债导致不合理的资产负债率，也会导致企业运行困难。

（三）资金回收风险

是指企业在资金结算过程中出现的不确定性，导致资金回收难度加大，无法准时足额收回的风险。这里的不确定性包括回收时间因素和回收金额因素：时间因素是指客户不能按约定时间打款，而导致资金拖欠；金额因素是指客户不确定的打款金额，导致不能足额收回应收账款而出现坏账的情况。近几年，民航相关企业普遍运行困难，民用机场资金回收风险愈加凸显。

（四）运营风险

主要是指企业在生产运行过程中相关人员、环节或整个行业出现的不稳定性情况。产生企业运营风险的因素非常多，如企业采购活动、招投标活动、销售活动、运行安全事件等，都可能因制度缺失、监管缺位、流程不规范、措施不科学、人员履职不力等原因出现客户投诉、法律纠纷等运营风险问题。

（五）流动性风险

是指企业无法及时获得或者无法以合理成本获得充足资金，以偿付到期债务或其他支付义务、满足资产增长或其他业务发展需要的风险。流动性取决于不同行业、服务对象、提供服务产品的特征，反映企业变现能力和偿债能力，体现企业的市场价值和购买力，民航运输企业的高运行成本决定其对资金流动性的高度关注。

二、民航运输企业财务风险管理存在的问题

（一）财务风险管理体系不完善

民航运输企业在发展中比较容易出现重运行管理和投资收益，轻风险防控的问题，发展过程中可能把更多目光和重心放在如何确保航班运行安全，并获取短期经济效益，而忽略了经济活动本身潜在的风险。当前，部分民航运输企业没有构建有效的财务风险管理体系，不能正确引导企业各类经营活动有序高效开展，没有形成采购、运行、营销、建设、投资等环节协调配合的管理机制，难以及时发现隐藏在经济活动中的风险和危机，造成企业经济损失。另外，因为风险管理体系不完善，不能精确分析项目投资和物资设备招采的可行性与必要性，导致开展不合理的投资筹资活动，浪费企业大量人力、物力、财力资源，引起资金配置不合理，资金使用效率低，财务风险较大。

（二）财务预算管理体系不规范

目前我国民航运输企业基本实现了财务预算管理，预算实施部门覆盖财务部、各职能部门和运行单位，预算费用涉及采购、生产、营销、建设、投资等领域，但存在预算管理不健全、预算目标不合理、编制不科学、执行不到位、考核不严格等情况，导致预算管理作用没有得到充分发挥。在预算编制过程中，有的企业对预算编制范围、预算项目、预算科目没有进行全盘考虑，各个预算费用之间互相脱节，缺乏整合，导致预

算编制不合理；有的预算编制方法单一，始终采用简单的增量预算法，仅用上一年度预算执行情况作为下一年度预算编制的依据，没有综合考虑当前和未来一段期间整个行业发展趋势、企业的运行态势和实际预算需求，导致预算项目和经营投资脱离企业发展实际；有的企业预算指标分解与业绩考核体系不匹配导致预算执行不力，或预算责任体系不健全，从而使预算责任不能有效落实；有的年终预算考核不严格、不合理、不到位，甚至考核形同虚设，考核过程不公开透明、不客观公正、奖惩欠公平合理，使预算管理的权威性大打折扣，财务预算管理职能和作用难以充分发挥，财务风险不能得到有效识别和控制。

（三）从业人员风险管理意识欠缺，缺乏应对风险手段

企业财务风险管理过程中，财务人员应该具备足够的风险管理意识，在日常工作中保持警惕性和敏感性，能及时准确地识别实际业务中的风险，并做出有效的风险预警和提示，为企业财务管理工作规范高效运行把关守口。但目前部分民航运输企业的财务人员对财务风险管理缺乏足够的重视和认知，认为风险管理和财务部门没有关联，财务人员主要做好日常会计核算、资金管理等财务基础工作即可，没有站在企业发展战略高度去处理会计账目和会计核算，无法用长远发展的眼光去解决实际问题，所以当突发财务风险事件发生时往往不知所措，不能有效应对。有的财务人员面对不同阶段的经济问题不能审时度势、精准判断，而是过度依赖过去的经验和方法，不作为或错误的决策导致风险隐患不能及时排除或产生新的风险。有的财务人员甚至主动参与违规、违纪、违法事件，给企业带来更大的经济损失。

（四）经营管理缺乏足够的监管机制

就民航运输企业而言，日常经营管理涉及工程项目建设、物资设备招采、安全运行保障、服务品质提升、航线市场开发等多个领域，均与财务管理息息相关，实际工作中导致财务风险出现的环节和因素非常多，监督机制不足是重要因素之一。从实际工作来看，企业财务风险不仅与财务管理相关，更多是由经营管理各流程环节不规范、不科学、不严谨衍生而来，因此财务风险管理不只跟财务人员相关，而应该是全员参与，尤其是工作中与经济业务有关联的相关岗位、人员和环节要成为重点监管对象。当前，民航运输企业内部监督部门主要是审计部门和纪检监察部门，对大型企业集团来说，比较难实现对每个分子公司每年开展一次内部审计，纪检监察部门作为对监督的再监督部门，其日常监督、专项监督、重点监督范围和对象也十分有限，企业内部滋生的诸多问题很难被及时发现和解决，这些已经存在的问题便是潜藏在企业的风险。有的大型机场集团虽然已经着手建立专门的风险控制部门，但风控工作还处于起步摸索阶段，离成熟规范高效运行和为企业提供全方位精准的风控管理还有一定距离。

三、加强民航运输企业财务风险管理的对策建议

（一）建立系统的财务风险管理体系

民航运输企业所处的内外部环境都在持续的动态变化中，要适应各种变化可能带来的风险就要加强企业财务风险管理，提升风险管控力度，构建科学合理的财务风险管理体系，使企业能科学应对各种风险挑战，始终保持良好的发展态势。财务风险管理体系构建包括从确定风险管理目标、风险识别、风险分析到风险预警、风险控制决策的全过程。财务风险管理目标要与民航企业使命愿景协调，可依据财务管理相关制度、财务报表、经营指标、行业专家意见等设定，以确保具体目标及所面临的风险在企业可承受的风险水平范围内，与此同时，要将风险管理目标分解到财务工作的各个环节。风险识别和分析贯穿企业发展全过程，重点聚焦民航特种设备采购、工程项目招投标、投资融资、收益分配等"三重一大"事项。要建立风险预警机制，当某种风险达到一定程度能及时发出预警，合理应对风险。在对可能发生的风险进行充分分析论证后，要有的放矢地提出风险承受、规避、分担或降低等不同风险应对策略。另外，建立各类风险防控应急预案是风险管理体系的重要组成部分。可以由风险控制部门或财务部门牵头，各相关职能部门、业务部门参与，对标民航行业风险事件，同时梳理过去企业在财务管理、经营管理工作中发生的各类风险事件制定应急预案，在实际发生类似风险事件时精准对标对表，启动应急预案，快速有效遏制风险，把相关损失降到最低程度。

（二）加强企业全面预算管理

民航运输企业的运行特点决定其各项成本费用种类繁多，预算金额较大，民航企业财务预算管理贯穿财务管理全过程，在财务风险防控中有着举足轻重的作用。要充分发挥预算管理的作用，就要不断完善全面预算管理体系，要以企业战略目标为导向，对过去和未来一定期间的经营活动和财务情况进行充分分析、全面预测和精准筹划，科学合理地配置企业各项财务和非财务资源，并对执行过程进行监督和分析，对执行结果进行评价和反馈，指导企业经营活动的改善和调整，进而推动企业战略目标实现。

首先，在预算编制方法上，除了采用增量预算法和零基预算法等相对简单的编制方法之外，可以尝试结合滚动预算法和弹性预算法等，按照企业发展战略要求和实际运行情况，尽可能实现预算编制方法的科学性、可行性。预算编制过程中和结束后，对预算编制数据和预算执行情况进行动态跟踪分析，总结更适合企业的预算编制方法。其次，在预算编制环节，财务部门和各编制单位之间要充分沟通协商，确保预算编制与企业战略目标和战略方向协调，各预算科目设置合理，预算数据依据充分。要对财务和各相关部门涉及预算管理的人员定期进行培训指导，树立预算管理理念，提升预算

管理意识，掌握预算编制、分析、执行和控制的方法和要求。最后，要加强预算考核，重点对收入、成本费用等各预算执行单位的完成情况进行检查、考核和评价，建立有针对性的奖惩和激励约束机制，对员工进行物质和精神激励，以此强化责任意识，深挖工作潜力。同时以预算考核为抓手，对预算编制和预算执行、调整情况进行系统分析，为后续编制预算和改进预算管理方法提供建议和参考，使预算管理在财务风险管理中更好地发挥作用。

（三）提高财务人员风险意识，建立绩效评价指标体系

在财务风险管理过程中，要提升财务人员业务水平和专业素养，从而确保财务工作遵守相关法律法规的同时，对企业相关业务提出合理的指导建议，提升企业管理的科学性和有效性。要加强财务人才储备和专业培训，提升财务人员的创新意识，培养高素质的技术型财务人才。财务人员不仅要关注企业的实物资产，还要学习资本运用和信息技术，能运用财务专业知识和"大智移云"等新技术有效识别和应对财务风险，助力实现企业发展战略和财务管理目标。要结合民航行业特征和企业运行实际，有针对性地设计财务人员培训课程，使财务人员充分熟悉企业运行流程，了解基层业务单位特征，建立足够的风险管理意识，提升抵御风险的能力。要不断完善财务管理制度和组织架构，形成完备的抵御风险手段，使财务人员能认识到风险管理的重要作用，结合对企业业务流程和特征的分析判断，对财务实际业务中的风险进行有效识别、分析和控制。要将财务人员风险管理与绩效管理有机结合，建立有效的奖惩制度，用激励和约束手段促使财务人员凝心聚力，真正发扬主人翁精神扎实投入财务风险管理工作中，为企业可持续、高质量发展做出积极贡献。

（四）建立协同高效的监督机制

对大型民航运输企业集团而言，要建立和完善协同监督机制，重点瞄准"三重一大"相关工作环节，做到事前、事中、事后全过程监督。日常经营业务从流程审批、询价、项目招投标、合同文本撰写审核再到合同签订、合同履行、项目验收，都要狠抓流程控制，强化责任分解，逐级负责、层层把关，确保高质高效规范实施。民航运输企业要充分发挥国有企业制度特色、管理经验和资源优势，充分调动和凝聚各分子公司审计、法务、风控、纪检部门和各级基层组织纪检委员力量，加强上下联动，密切横向协同，形成贯通融合、齐抓共管、协同高效的立体监督机制，以此加大对企业财务管理和经营管理的监督力度，帮助企业运行管理规范化、科学化。要规范企业内部账务处理和风险测评方式，定期对各单位账目、合同等进行查阅，避免管理漏洞而带来财务风险。同时，建立专门的风险控制部门，对企业各种风险进行总结、分类和梳理，构建规范系统的风险防控治理体系。

第二节 民航通信导航监视的风险管理

目前我国航空交通运输业需要满足适时性要求,在科技大发展过程中,内部运行管理正积极引进国内外先进的智能化信息技术,促使管理模式更加智能有序,有效提升了航空运输效率和运输安全系数。近年来,随着人们对快捷、高效的中远距离出行需求量逐渐递增,民航运输任务趋于繁重。为保证民航运行持续安全与稳定,有必要加强对通信导航监视的风险管控,为安全的航空飞行任务提供可靠保障。在当前的通信导航监视工作中,仍存在着较多管理漏洞,需根据实况来进行有针对性的调整,以此保证监视信息的准确性,最终促进我国民航事业稳健向上发展。

一、民航中进行通信导航监视风险管理的意义

第一,有助于改进计划。民用航空监测系统给航空器提供了信息数据的全面支持,使其不仅能够对数据进行收集、整合与处理,还为操控人员提供了精准的民用航空器运行可用数据,使飞行状态得到了有效控制,有助于及时根据实际情况调整航路运营计划,改进飞行要求;第二,有助于保证航行安全。近些年来,因经济的发展而导致的气候环境变化,使得极端天气倍增,为此,民用航空监测系统也在各方面进行了改善,使之可以有效监测预判异常天气,快速收集相关电子设备数据,使民航发展潜力不断得到挖掘,有力地推进了民航业发展;第三,有助于降低飞行风险。对民航中的通信导航监视风险进行管理,可有效整合天气信息,使飞行中通过的各区域温度变化得到提前掌控,并及时调整飞行方案,保证飞行过程中的安全与稳定。同时,此技术还可以与其他航空服务技术相融合,比如航天卫星、机场移动通信等相融合进而拓展了服务覆盖空间和范围,降低风险率,提升航空飞行安全值。

二、民航通信导航监视存有的风险

在当前社会发展中,应时而生的智能化信息技术成为促进各行各业发展的支柱性技术,通过对此技术的应用与管理,可有效提升应用领域整体管理水平,减轻人员操作负担,提升工作效率。目前在人们出行需求趋势高涨之下,快捷安全的民航飞机一举成为人们出行首选的交通工具之一,在一定程度上提升了出行体验。民航运输行业作为我国社会发展的重要部分,在当前社会经济快速发展背景下,其行业规模也逐渐得到扩展,通信导航监视系统是民航运行过程中不可或缺的重要部件,同时也是保证航

行安全的必要手段，因此需要对内部技术进行不断完善。但眼下在民航通信导航监视过程中还存有较多风险。

（一）人为因素风险

在通信导航监视工作中，操作工作人员的专业水平与监视工作质量息息相关，换句话说，它在很大程度上决定着监视工作的质量，是航空风险防控重点内容之一。根据调查信息显示来看，因人为因素造成的民航风险占有较大比例，工作人员的行为难以达到有效规范水平，导致整个监视系统存有漏洞情况。第一，工作人员在岗位中会存有疏忽。当一个人长时间处于一个工作内容内，且每天重复着一套没有太多变化的操作，会使得部分人员心生疲惫，最终导致注意力难以高度集中。那么在进行通信导航监测与相关操作时就不免会出现遗漏、错误等行为，很容易引起不安全事件的发生；第二，信息传达存在传达偏差，引起监控工作出现误解。再加之一些工作人员自身经验水平不达标或操作不熟练，在发布跑道等命令时，就可能会存在不规范、不正确的现象，同时有可能出现误操作，比如出发指令下达却启动着陆系统等。

（二）设备因素风险

设备运行情况与通信导航监控质量相挂钩，所以在安全防控中也需对此方面多加注意。然而在目前的使用过程中，设备也可能会出现难以发现的故障，影响正常监控与飞行。首先，设备自身质量存在缺陷。在对设备进行购置过程中，存在采购人员没有结合当前运行新需求，或没有进行精细化对比就完成采购，导致设备自身质量等方面存在问题，进而在施工中就会频频出现小故障，不利于通信导航监控工作的正常进行，影响其质量提升；其次，在使用设备的过程中存在运用故障情况。通信导航监视设备在日常工作中工作量很大，本身处于超长使用状态，甚至不停歇，其内部的电子元器件会随着使用时间较长而出现不同程度上的损耗，这便增加了设备故障出现风险的概率，使风险不定时发生，影响飞机运行；最后，工作人员操作方式存在不当以及保养维修工作存在死角。这些工作实施的不到位，在一定程度上也加剧了设备电气故障的发生率，若此时设备自身平衡性处于不平稳状态，那么就会导致设备在实际通信导航监视工作中存在风险。

（三）环境因素风险

外部环境变化对通信导航监视工作质量产生的影响很大，同时也是大家所熟知的一类导致民航出现风险的因素。其一，电磁环境。在电磁环境中，会对通信导航信号产生较大的干扰影响，使无线电信号不连续，干扰通信质量，影响导航信号，致使严重事故发生；其二，周边监控设备配套环境。如果设备所在机房空间配套环境受到如外力破坏、火灾、水灾等情况威胁时，就会对设备产生直接破坏，如此一来就会使通信导航监视工作中断；其三，其所处区域内的气候环境影响。当外部天气气候不稳定时，如强雷雨天气、雾霾天气、大风等，就会直接导致通信导航设备容易出现故障，并且会对设备本身造成损坏，使设备无法进入正常运行工作状态，影响飞行安全，造成航班延误或取消航班之举，影响旅客出行质量。

（四）法律法规因素风险

完善的法律法规是保证民航长久安全稳定运行的关键，在民航中很多法律法规都是通过实践教训而得来的，因此需要严格予以遵守。如果没有严格地遵守相应法律法规，或是现行法律法规中存在不足，且未能及时发现并修订，那么将会给导航监视工作运行造成风险。民航运行如今已经成为交通运输主力，为此我国也出台了相关文件，修订了民航通信导航监视工作规则，比如设备的使用、维修、巡检等各个相关风险防控内容都进行了严格规定。但在实际中，依旧有一些工作人员为提高工作效率而没有严格遵守法律法规制度，在岗位操作上存在违规行为，使规章制度无法得到切实性的生效，给安全运行带来风险。

三、民航通信导航监视的风险管理对策

（一）重视并加大相关人才培养力度

民航内部相关部门需要与时俱进地具备适时性科学管理理念，并需加大对通信导航监视系统的监管力度，然后在正确使用现代先进化技术手段下，对通信导航监视系统予以管理，使所有工作人员都能够及时更新思想，掌握新型技术手段运用要点。为能够更好地对民航通信导航监视系统运行进行维护，就必须要重视并加大对相关人才的引进与培养力度。具体民航部门可定期为工作人员开展具有针对性的专业技术培训，同时为更好地配合智能信息收集在工作中的运用，还需注意提升工作人员计算机运用技术水平，在进行人才引进过程中可以首选对口专业人才，以壮大专业人才队伍，使之提升民航整体专业化水平。同时，还需做好党建基层工作，在党的领导下，使工作人员思想素质水平得到提升，在此过程中要加大规章制度的学习与修订传达，严格按照国家规定和民航通信导航监视规范细则，提高岗位合理性。还可以制定相应的奖罚考核制度，以此约束规范人员行为，对于违规者应当严肃处理，从而减少人为因素引发的风险发生率。

（二）注重设备质量系数的提升

在对民航中通信导航监视设备的选购过程中，必须严守选购标准关，保证设备质量达标，符合民航监视国家规定发展需求。首先，对通信导航监视设备实行使用熟客管理制度，在购进前，选购人员和技术人员需反复多次与国家要求相比对，按照民航相

关通信导航监视设备使用许可目录进行精细化选购；其次，需要进行高度专业化的设备安装工作，保证设备的使用安全性，安装工艺的达标性；最后，需要多加注意对设备运行过程中的检测、巡检、维修与保养。为全面提升设备的使用期限，需要对设备开展定期检测等，及时发现异常情况，及时进行处理。另外，在检测过程中，还可以对设备未来运行可能会出现的安全风险隐患予以预估判断，做到未雨绸缪，有效管控，预防部分风险发生，确保设备可得到持久稳定运行。除此之外，对于信号接收装置也应注意转型与升级，以此来应对新情况的出现，增强自身抗干扰能力。

（三）注意对环境因素引起的风险规避

根据上述可知，规避侧重点可放在以下几个方面：第一，需稳定控制电磁环境。具体在实际中，需结合民航发展要求和特征需求，对周围电磁环境进行改进建设，切实将无线电管理规定做到位，利用设备与技术的完美协作，保护自身所需电磁环境稳定。同时，还需要确保无线电台机频率在国家层面上的合法合规，并且相关部门也需对民航运用区域内做好对所需电磁环境的保护工作，建立并不断完善巡查制度和无线电干扰排查机制，及时发现风险，并清除不合规的侵犯性黑电台；第二，积极完善设备配备环境。具体可通过加大对通信导航、监控机房等的保护力度，保证配置环境可达到防御外部环境破坏的技术水平，有效提高监视设备运用安全性，保证监视质量；第三，要做好天气预测工作，可通过建立相关防控策略，在气象部门协助下了解掌握天气状况，做好相应应急管理预案，对于即将会发生的天气状况做出较为准确的分析，然后做出应对措施，规避环境对设备安全运行带来的风险影响。

（四）做好法律法规方面的因素风险防控

法律法规的有效性是一个动态的变化值，会随着社会发展所需出现变动、改进，使之变得更加具有科学性、合理性，直至在最大限度上保证民航运行安全。首先，通信导航监视人员需要不间断地定期开展专业的相关法律法规的学习、辨识与更新传达，这样才能够及时取代不可取的规章制度，使新法规奏效。对于常规开展的规章学习培训，组织及传授人员需要做足前期准备，秉持规章制度中的"严格遵守、严格要求、按章操作、合规运行"培训原则，使培训具有实际意义；其次，有关部门需要及时对法律法规和规章制度根据实况进行完善，结合新技术修订技术指标、操作流程等，使设备更加安全，工作更加高效，飞行更加安全可靠。

（五）强化操作人员安全意识

民航通信导航监视工作开展中，由于仪器数量多而复杂，操作仅凭一人不可独立完成，因此需要大量操作人员。在这种情况下，操作人员就会存在失误情况，影响航空运行安全。通信导航监视工作关乎民航安全质量，数据接收与传输不容半点疏忽，民航企业必须要保证操作精准性。基于此,提升并强化操作人员安全意识是保证通信导航监视工作得以高效高质开展中需重点关注的方面。第一,常规操作有效地为操作人员开展安全教育,确保他们能够扎实掌握相关操作知识。通过安全教育培训以及相关活动的开展,使操作人员将安全意识潜移默化地烙印在心中,提升自身责任感;第二,积极提高操作人员的操作能力水准。对通信导航监视操作人员而言,在工作中需要面对众多仪器,操作难度相对较大,因此对操作要求也相对较高。那么就需要不断提高自身操作能力,积极参加企业开展的具有针对性的技术实操培训,以减少实际操作中失误情况的发生;第三,加强监督,为操作人员量身制定考核机制。在开展培训后,为确保培训质量,民航企业需对参与培训的操作人员进行考核,使其能够胜任岗位,承担应有责任,并将其培训考核成绩记录在年度考核评审和评职称中,使操作人员给予高度重视。

综上所述,在对民航通信导航监视风险开展管理工作过程中,相关部门需重视可能会对民航构成威胁的各类风险因素及影响,并能够做到深入分析与研究,便于制定出具有符合当下且具有针对性的管理对策及方法,以促进相关技术的创新,切实提高我国民航飞行安全,进而推动我国社会经济稳健的可持续性发展,并能够在世界民航服务领域中成为佼佼者,提高我国的综合实力。

第三节 民航空中交通管制风险管理

随着经济的发展,航班与客流量不断增多,促使民航服务质量得到了质的突破。但在实际发展过程中,民航管理工作中也存在一些问题,其主要原因是由于客流量的增多,航班量大幅度上涨,促使管制工作难度加大,相关工作人员的压力也随之增大,导致空中交通管制风险系数上涨,加剧了空中交通管制风险管理中的矛盾冲突。另外,我国民航空中交通管制风险管理制度的问题,也影响民航的发展。因而,如何做好民航空中交通管制风险管理是值得深思的问题。

一、民航空中交通管制目标分析

在我国民航发展过程中,需要拥有明确的空中交通管理目标,以实际情况为前提,制定符合实际的交通管制目标。实际上,交通管制最终的目的是保障空中交通的安全、顺畅。所以,需要开展一定的管理工作,促使民航空中交通的快速发展。

通常情况下,空中交通管制会涉及多个方面,因而需要以实际情况为基础,在实际交通管理工作中,可以将目标进行细化,保障每个小目标能够有效落实,促使各个工作环节有条不紊地开展，保障空中交通管制工作的顺利开展。

二、民航空中交通管制出现问题的主要影响因素分析

根据相关数据信息显示，在当前民航发展过程中，交通管制出现问题主要是受到人为因素的影响，同时也会受到设备技术、自然环境等因素的影响。

（一）民航空中交通管制人为因素的影响

在民航空中交通管制过程中普遍会受到人为因素的影响。

我国民航相关工作人员对交通管制问题不重视，责任意识淡薄，导致一些运行的航班无法受到强有力的监督管理。同时，一些工作人员缺少专业技术，心理素质有待提升。除此之外，一些领导人员缺少监督管理能力和实战经验，其制定的措施和方案缺少科学性和合理性，无法运用在实际中。总之，人为因素对民航空中交通岗管制产生着严重的影响，这就需要不断提高相关工作人员的综合素质和能力，培养良好的责任心。

（二）民航空中交通管制管理因素的影响

管理层与人类的大脑相似，主要作用是发布指令，从而保障各个工作流程有条不紊，相互合作共同完成指令任务。管理制度是否科学合理与民航空中交通管制的发展有着密切的联系。根据实际调查发现，在当前阶段，民航管理部门存在诸多问题，具体而言：（1）缺少完善的规章制度和法律法规做支撑，导致工作流程缺少合理性，在划分管制空域时界线不明确，各地之间交流沟通不到位，致使航线设计不合理，对整个工作流程产生不利影响。（2）在招聘工作人员过程中，缺少招聘标准以及制定，开展相关培训次数少。因此，其需要不断提高管理能力，从而保障各地沟通交流，推动民航的健康长久发展。

（三）民航空中交通管制设备技术因素的影响

在实际民航开展空中交通管制工作过程中，通常会利用各种设备，如导航，或者信息技术以及各种航空技术，从而能够对飞机进行全面监督管理，保障航空的安全性和稳定性。因此，为了促使空中交通管制工作效率的提高，需要采取各种先进的设备、技术和系统。而当前，我国民航空中交通管制设备老旧，技术单一、落后，其主要原因是受到经济条件、地域等方面的影响，加之相关工作人员未及时对相关设备进行维修，导致控制管制工作出现问题，从而引发严重的安全事故。因此，这就需要在开展空中交通管制工作过程中，创新和完善相关技术，并加大资金、人力和物力的投资力度，及时更换老旧设备，保障设备的正常运行，从而促使空中交通管制工作顺利开展。

（四）民航空中交通管制自然环境因素的影响

民航空中交通管制很容易受到自然环境因素的影响，如风暴天气、雨雪天气等都会对空中交通管制产生严重的影响。除此之外，电磁场和一些设备通信讯号都会对民航飞机飞行信号产生不利影响。若遇到突现的鸟群也会导致空中交通管制出现问题。

虽然自然环境因素无法避免，但可以在飞机起飞前可以对天气、自然环境等方面进行预测，从而有效减少自然环境因素造成的影响，保障飞机的正常运行，从而推动民航又好又快地发展。

三、民航空中交通管制风险管理科学途径

（一）提高相关工作人员风险管理意识

在当前阶段，民航空中交通管制出现问题最为主要的原因为人为因素，所以需要不断提高相关工作人员对风险管制工作的重视度。

民航管理层人员需要树立良好的安全意识，充分认识到民航空中交通管制风险造成的影响，从而拥有良好的风险管理意识，促使风险管制措施全面有效落实，同时也需要不断优化风险管制流程并及时进行创新。除此之外，民航对应的管制单位需要树立民航风险管制理念，使民航全体工作人员能够积极参与到民航空中交通管制风险管理过程中，提高自身责任意识，以饱满的热情和认真的态度，不断提高工作效率和质量。

在航空发展过程中，民航空中交通管制占据着十分重要的地位，是保障飞机正常飞行的前提条件，关系着航空运输的安全性。空中交通最为重要的一点就是安全。因此，在民航空中交通管制工作开展过程中，需要重视空中交通风险管理工作。每个季度都需要对风险进行评估和分析，从而制定完善的解决措施。在整个解决措施制定过程中，需要满足科学合理的要求，从而保障评估工作的全面性，促使风险管理能力的提高，最大化发挥自身作用，减少安全事故的发生。

（二）提高空中交通管制团队综合能力

在民航发展过程中，需要不断提高空中交通管制相关工作人员的专业能力、素质、道德水平等，注重相关工作人员的考核，从而提高相关工作人员操作能力、专业技能等，保障能够在空中交通管制工作中发挥自身作用。

比如，可以采取带班主任管理的方法，加大培训力度。为了建立完善的考核培训制度，需要根据相关工作人员实际情况，定期开展专业知识、技能等培训工作，促使相关工作人员事故处理能力的不断提高，拥有丰富的理论知识，从而提高空中交通管制工作效率和质量。

在民航发展过程中，空中交通管制水平与相关工作人员有着直接的关系。所以，

需要注重相关工作人员专业知识以及素质的培训力度。

随着我国经济的常态化发展，民航得到快速发展，软件和硬件设施的使用也越来越频繁，但仍旧存在一定的管理问题。这就需要注重软件和设备的开发，促使相关工作人员能够熟练应用各种软件和设备，从而提高民航空中交通管制水平，推动民航的健康长久发展。

若想行业得到更好的发展，则需要拥有优秀的人才，在整个民航空中交通管制过程中，不仅需要拥有完善的规章制度作为支撑，同时也需要做好相关工作人员的思想教育工作，从而促使整个工作团队素质和能力的提高。相关工作人员的工作态度影响着实际工作方式，因而做好相关工作人员的教育显得十分有必要，能够使知识、能力得到双重提高，减少人为因素产生的不利影响。因此，民航在实际发展过程中，需要加大对相关工作人员的管理力度。在人员选择过程中，需要持证上岗，从而可以更好地胜任工作岗位。与此同时，也需要建立科学完善的考核制度，在对相关工作人员进行风险模拟培训过程中，制定多元化且切实可行的训练方案，并加大与其他部门的沟通交流，促使相关工作人员实际操作能力的提高。实际上，相关工作人员参加培训，不仅能够树立正确的价值观，规范自身行为，同时还可以帮助相关工作人员提高心理素质，能够冷静处理突发事件，推动民航的安全稳定发展。

（三）建立健全管理制度

为了促使民航空中交通管制水平的提高，需要根据实际情况，建立健全的管理制度以及拥有配套的管理体系。相关工作人员需要严格遵守制定的措施，保障空中交通管制工作的合理性和协调性。与此同时，也需要做好细节管理工作，注重对各种设备等的维护和检修，并及时做好各项维修记录填写，上传到数据中心，为后续工作的树立开展提供前提保障。只有定期开展检查工作，才可以获得设备的相关信息，分析多次出现的问题，从而提高注意力，有效减少相同问题的二次出现。众所周知，空中飞行绝大多数情况下需要先进的科技和设备作为支撑，才可以保障飞机的安全起飞。对于落后、单一的空中交通管制设备而言，需要做好整顿和创新，加大资金、人力和物力的投资力度，对于老旧的设备及时替换。与此同时，也需要做好监督管理工作，借助管理系统的力量，做好空中交通管制详情记录工作，与规定对比分析，及时发现存在的问题，提出具体的解决措施。采取合理、科学的评价制度，对于优秀的工作人员及时给予奖励报酬；对于不遵守规定的工作人员进行一定的处罚，若情节严重者则可以进行劝退处理，从而激发工作人员的积极性和热情，保障各项工作有条不紊开展。

在民航发展过程中，若想要保障空中交通管制水平的提高，最为重要的一点是根据实际情况，建立完善且系统化的规章制度，从而促使空中交通管制效率的提升。比如，可以建立空中交通管制班组，班组在配合过程中，需要采取科学合理的搭配方法，加强相互之间的联系与合作，各个班组之间相互沟通交流，做好基础工作。

除此之外，还需要根据危机问题，及时提出具体的处理预案，并不断完善和规范。同时，国家方面也需要发挥宏观力量，建立完善的民航法律法规，并不断创新完善，从而促使民航风险管理能力的提升。

（四）制定风险评估标准，定期开展风险评估

民航空中交通管制出现问题的影响因素有多种，相关工作人员应及时进行评估作业，有效减少管理风险问题的出现。在对问题原因进行实际调查过程中，需要采取真实、可靠的数据信息，并制定规范的风险评估标准，根据风险系数，做好风险防控准备。民航公司需要进行数据分析和共享，保障评估标准的全面性。对于风险系数较高的问题而言，需要根据实际情况，及时对方案进行调整，保障方案的完善，满足标准要求。除此之外，还需要定期开展风险评估，与当地实际情况相结合，建立全面化的评估制度。随着民航事业的快速发展，会出现越来越多的新问题，相关工作人员在实际解决过程中，不可能单纯地依靠以往经验，而是需要注重评估风险的开展，及时发现存在的新问题并提出具体的解决措施。同时，相关工作人员也需要发挥信息技术的作用，对相关数据信息进行整合，注重评估结果的分析和对比，根据以往经验，制定完善的解决措施。对于常见的风险问题，需要利用大数据技术建立模拟方案，优化薄弱环节的管理能力。另外，需要建立完善的危机处理方案，做到有备无患；在方案设计过程中，拥有与之配套的"应急处理制度"。

（五）定期开展安全演练活动

在民航空中交通管制过程中，安全演练活动的开展十分有必要。

民航可以根据实际情况，定期开展安全演练活动，将相关工作人员合理划分为若干学习小组，模拟各种突发事件，让学习小组成员相互配合，共同合作处理突发事件。这样的方式，在一定程度上不仅能够提高相关工作人员突发事件应急能力以及处理能力，同时还可以加大工作人员之间的交流、合作与配合，有效减少空中运行交通管制存在的问题。

（六）不断提高风险管理水平

民航空中交通管制水平的提高需要做到全面化，对于管理相关工作人员而言，需要建立科学合理的管理制度，并帮助相关工作人员养成良好规范的作业习惯。同时，也需要通过各种经典案例的引入，促使相关工作人员拥有积极的工作态度，以饱满的热情投入到工作中，使自身各项能力不断提高，保障各项工作的顺利开展。除此之外，相关工作人员也需要制定严格的管制流程，按照相关规章流程合理作业，同时也需要积极引进国内外先进的思想和采取有效的管理方法，保障空中交通管制水平的不断提升。

（七）建立"以人文本"的管理思想

随着经济的快速发展，我国社会的不断进步，"以人为本"的管理思想逐渐融入社会各行各业的发展中，成为一种主流思想。为了促使我国民航事业的快速发展，需要在整个发展过程中融入"以人文本"的管理思想，从而促使空中交通管制水平的提高。

因此，这就需要民航系统进行强有力的风险管理，保障相关工作人员的生命健康安全以及飞机的正常安全起飞。总之，空中交通管制中"以人为本"的管理思想的融入，是推动我国民航健康长久发展的重要前提保障。

总而言之，经济的快速发展促使人们生活水平不断提高，航空出行逐渐成为人们出行的主要方式，从而对航空出行提出更为严格的要求。客流量的上涨使航班量不断增多，民航服务水平也不断提高。

因此，在民航空中交通管制工作开展过程中，相关管理工作人员要对存在的问题有一个全面的认识，能够在实际工作中对不同的风险问题提出实际的解决措施。

虽然在当前，一些自然因素无法避免，但对于人为因素、设备技术等方面，可以采取一定的解决措施，制定完善的管理制度，有效减少风险问题的出现。同时，需要不断提高相关工作人员的综合能力，加强各部门之间的沟通与交流，促使各部门默契度的提高，从而可以高质量完成工作，有效减少风险发生率，满足人们的日常出行，为空域营造良好的飞行环境，使人们得到更加优质的民航服务，进一步推动我国民航事业又好又快地发展。

第四节　民航通信导航监视的风险管理

当前，社会经济、科技高速发展，民航运输服务"安全、高效、快捷"特点凸显，乘坐飞机出行已成为越来越多旅客的首选。然而，机场旅客众多，航班密集，机务维修、气象导航、空中飞行等每一个环节都可能存在着安全风险，在一定程度上会危及旅客的生命、健康和财产安全。目前，机场对于民航通信导航的管理体制还有很多不足，对风险发生可能性的把握、损害程度的估计以及诱因分析等不能做出有效的识别。因此，做好民航通信导航监视的风险管理工作就显得尤为重要。

一、民航通信导航监视技术风险分析

当前，影响民航通信导航监视的主要原因有恶劣天气、地面设备损坏以及操作不当。

（一）恶劣天气

空中飞行不可避免地会受到天气的影响，因而天气状况会在一定程度上影响正常的导航监视工作，给航空飞行安全带来一定的威胁。恶劣天气情况下，正常的导航监视工作将受到多种因素的影响，其中突发性事件居多，突发性事件造成的设备故障则会严重影响航空器通信导航监视。如在恶劣的天气情况下，飞机与地面指挥台之间的联系就会出现问题，地面指挥台的指挥人员无法真实准确判断飞机的状况，也就无法为飞机的下一步飞行做出相应的决策，所以，恶劣天气对通信导航监视的影响是十分巨大的，特别是在暴雨天气下，受电磁暴的干扰，飞行人员无法真实准确地与地面指挥台取得联系，飞机遇到的危险就会更大，通信导航监视就会出现严重的危机。

（二）地面设备损坏

民航通信导航监视是保障航空安全的重要手段，但目前的通信导航监视技术存在一定的问题。通信导航监视工作的顺利开展，必须要有一套先进有效的信号接收装置。飞机空中飞行高度较高，因而信号接收系统要确保完善，而完善的信号接收装置便成为关键。

普遍来说，部分信号接收装置存在着一些问题。由于信号接收和传输装置投放和运行时间过长，而对装置的日常检查、维护、保养等往往滞后于实际运行需要，信号接收和传输装置性能会受到一定的影响。这种情况下，民航通信导航监视工作无法顺利地开展。

（三）操作不当

通信导航监视工作是人为控制的，难免会受到一定的人为因素影响。操作人员操作不当，就会严重影响通信导航监视工作，这也是目前最为常见的问题。飞机在空中飞行时，主要负责通信导航监视工作的地面人员不仅要做好各种数据的核对工作，还要做好相关设备的维修工作，工作量远超负荷，因而导致失误操作经常发生，继而影响航空通信导航监视工作，也就会影响飞机运行的安全，从而造成一定的飞行危机。

二、民航通信导航监视危机的相关技术管理

（一）改进相关技术应对复杂多变的天气

航空不可避免地会受到天气的影响，恶劣天气本身就具有不确定性，这对航空来说是十分不利的。随着科技的进步，人们可以在一定程度上预知天气，但无法准确地预知。在天气无法准确预知的情况下，通信导航监视工作往往会面临严重的危机。

为了改变这种情况，必须提高相关的技术手段，争取可以准确地预知天气情况，以此来做好民航通信导航监视工作。如针对暴雨天气，就可以在地面上安装相关的避雷

针来预防暴雨天气。民航行业应投入更大的精力，努力改进相关技术来预防复杂多变的天气。

（二）按时检查以及更换地面设备

民航通信导航监视工作是保障航空安全的重要手段，而通信导航监视工作需要借助大量精密仪器来完成。仪器在使用过程中年限较长，需要较好的维护保养才能确保飞行安全。但是人们对仪器的重视程度并不高，仪器的维修工作很大情况下没有及时进行，导致这些设备在使用过程中出现问题，严重地影响通信导航监视工作。如一些设备由于放置的时间较长，容易受潮，相关的线路在一定程度上就会老化，通信导航监视工作也就无法有效地开展。

为确保民航通信导航工作顺利开展，需要进行以下工作：

第一，加强设备管理的工作。民航通信导航监视工作需要借助大量精密的仪器。为了保障仪器使用质量，要定期地对相关的仪器进行维护，最大程度上保障仪器的崭新度，更要及时维修和更换一些老化的设备，做好通信导航监视工作。

第二，对信号接收装置进行转型升级。信号接收装置对民航通信导航监视工作的开展十分重要，但目前一些信号接收装置仅仅只是简单地接收和传输信号，无法及时应对一些突然的事件。因而，必须适时改进信号接收装置，以此来应对新出现的情况，增强自身的抗干扰性。

第三，设备维护保养记录规范可查。一些老旧设备维保之后，要做好相关记录，为下次维修做好准备。清晰描述设备在哪些方面出现问题，何时进行维修的，维修材料及技术手段等。

（三）提升相关操作人员的安全意识

通信导航监视工作的开展需要借助大量的操作人员。由于仪器数量过多，操作较为复杂，因此操作人员在操作时出现失误的概率较大，从而影响航空安全。通信导航监视工作事关民航安全，数据接收以及传输不能出现一丝失误，相关的民航企业必须要保证操作不能出现问题。因而，提升、强化操作人员的安全意识是确保通信导航监视工作有效开展的主要抓手。

第一，定期地对操作人员进行安全教育，最大程度上保障操作人员掌握相关操作知识。通过相关安全教育培训以及相关活动的开展，操作人员在实践中不断提升自身的安全意识，不断强化自身的责任。

第二，努力提高操作人员的操作能力。对通信导航监视操作人员来说，仪器数量较多，操作难度较大，操作技能要求较高。所以，对操作人员来说，要不断提高自身的操作能力，积极参加相关的技术培训，尽可能在操作中减少失误发生。

第三，要对相关操作人员进行考核和监督。在参加培训活动之后，民航企业要定期地对操作人员进行考核，保障操作人员具备胜任工作的能力。把培训考核制度作为对操作人员管理的有效抓手之一。

第八章 航空公司运营管理实践

第一节 航空公司的运营环境与战略

一、政治法律环境分析

政治对航空业影响极大。政府的决定和政策对航空公司的影响,大的方面有某国的政治稳定程度、法律法规的完善、贸易保护程度、两国的外交关系等;小的方面有政府决定两个国家之间可以对飞的航空公司、飞往对方的航线由哪家航空公司执行、投入的运力、航班频率,甚至票价。两国之间通常签订航空服务协议来规范和约束对方的航空公司。现在,有些地区基本上废除了这类协议,如欧盟成员国之间。欧美和亚美之间的开放天空协议,如中美之间2007年签署的航空协议,也旨在削弱或消除政府对对方航空公司的约束,使双方的航空公司尽可能自由地飞往对方的城市。但在今后很长的一段时间内,政府对国外航空公司的限制还将或多或少地存在,只不过随着贸易的自由化和全球的一体化,限制将逐步减少。

政治对航空业的影响有时候体现在很具体的方面,如两国之间的客流量。一个明显的例子是2004年,出于日本政府的不理智行为,导致中日关系紧张,中日之间的客流量骤减,几个月后才恢复正常。假如某国发生了战争或恐怖事件,则不仅影响该国的航空运输,还会影响其他国家对该国的旅游往来。这方面的例子很多。南斯拉夫原为旅游胜地,内战之后无人问津。印尼的巴厘岛原来也是旅游胜地,2002年的恐怖爆炸使其一夜之间几乎门可罗雀。这类事件通常在航空公司的控制范围之外,但航空公司无疑要密切注意这些事件及其进展。当然,有些事件,只要能够把握,也可以转化为有利因素。"9·11"事件后,特别是伊拉克战争之后,英美等西方国家与伊斯兰国家的关系变得紧张起来。大部分旅游者认为中国的飞机相对安全,美国人也这么认为。假如中国的航空公司能抓住这类机会,加大广告和营销的力度,或许中美航线上中国航班不会是今天这样被动的局面。政治因素还包括各国政府或相关组织对航空公司的态度。最明显的例子是美国1978年通过的放松管制法案,其影响波及全球,至今犹深。

相反，如果政府或组织对航空公司有较多的限制，或者采取过多的规范措施，该国从事民航业的难度就有可能增加。

二、经济环境分析

经济因素对航空公司的影响，大的方面可举 1998 年的东南亚金融危机为例；小的方面具体到经济发展的速度、居民的购买力、失业率、通货膨胀率，甚至两国的汇率等，都需要航空公司密切注意，因为这些因素影响旅客的需求。比如说，某个地区的住房价格与平均工资的比值过高，则证明该地区的中产阶级为买房而透支过多，他们的可支配收入就很少，今后出门旅游的可能性将减少。经济增长常起伏不定，如何保证航空公司在昌盛时搭上顺风车，在萧条时不倒闭，是件困难的事。在考虑运力的增加时，要慎重些，要考虑萧条时多余的运力如何处理。又比如，经济发展呈地域性。不同地区在一定的时期经济发展趋势和速度不一样，所以要具体分析各个地区的经济发展前景和趋势。现在的经济呈现全球化的趋势。这一趋势总体来说对民航业有正面影响。它不仅带来了总体财富的增长，而且加快了财富的流通，也增加了旅游的需要，特别是商务旅游量。而贸易全球化则大大增加了航空货运的需求。航空公司如何正确把握全球化趋势，抓住市场机遇，是高层决策者要认真考虑的问题。

三、社会文化环境分析

社会因素实际上可以称为社会—文化因素，如人口结构和分布、家庭结构、年龄特征、休闲爱好、人口流动和劳动市场变化等与航空运输有密切的关系。人们的社会价值观、教育程度、文化水平和生活方式等也会影响人们对旅游的需求。另一个要注意的因素是某地的重商精神。如中国的温州，历来具有闯荡天下的经商传统，所以该地区与外界的联系较为密切。这些因素不仅影响到市场的长远规划，而且与广告设计、用品的分发等细小的方面有着直接关系。

工作方式的变化也会影响航空旅客的需求。比如，现在的网络通信系统发达，在家里工作的人增多了。所以，有些人住在美国西岸却可以为东岸的公司打工，住在印度的人可以为美国的公司工作。这种工作方式可能导致企业在大学生毕业时节去很远的地方，甚至去国外招收员工。以前，没听说过工人坐飞机去外地甚至外国打工，现在则是常事。这些工人给航空公司提供了季节性的客源。这种现象，加上经济的增长，会影响人们的度假方式。如果家里有人在国外工作，家人到那个国家旅游的可能性会增大。不少美国人，他们在父母或其他亲人在中国工作期间到过中国。不少人在亲人离开中国多年后还到中国度假。这些度假者，加上国内新兴的出国旅游，必将促进国际线旅客的增长。规划人员在考虑航线的选择和开发时,对此要有足够的重视。

　　社会历史的原因也是规划者要注意的。以前的移民是今天的国际客源;今天的移民就有可能成为明天的国际客源。当然也要看他们的经济水平和旅游的可能性。比如,纽约地区的华人多,但有一部分没"绿卡";有些打工的人又没有时间回国,所以不会增加太多的客源。如果另一个地方居住着很多退休的侨民,则该地区的客源潜力要大些。考虑这些因素,对航线的规划有很大的好处。国内的一家航空公司,在开通纽约航线时,选择了肯尼迪国际机场。这家公司的定位是做华人的生意。可实际上,纽约附近纽瓦克机场周围居住的潜在华人旅游者,远比肯尼迪国际机场附近多。而且,从常识上说,纽瓦克机场的美国国内客人多,肯尼迪机场的国际客人多,从美国国内线转国际线的客人显然要多于国际线转国际线的客人。所以,选纽瓦克机场显然要优于选肯尼迪机场。这家公司没有选择纽瓦克。后来英国大陆航空公司开通纽瓦克—北京线,得以后来居上。

第二节　航空公司服务与产品开发

一、新服务开发概述

　　新服务开发是服务企业在整体战略和创新战略的指引或影响下,根据顾客和市场需求或在其他环境要素的推动下,通过可行的开发阶段向企业现有顾客或新顾客提供的,包含从风格变化到全新服务产品等各种新颖服务的正式或非正式的服务开发活动,它形成了现有服务或新服务的价值增值。

　　对于服务开发,需要注意以下几点。

　　(1)新服务开发是在企业整体战略和创新战略指导下的开发活动,因此有意识、有组织和系统性的开发活动占据了主导地位;但开发活动也可能是一种偶然性的、非系统性的活动,如某些员工或某一部门为解决某个问题或在外界环境的影响下产生出创新概念和思想并进行相应的开发活动,不过这些创新概念和思想仍然受到企业整体战略和创新战略的影响。研究表明,有组织、系统性的开发活动更有助于提高新服务开发的效率。

　　(2)新服务开发活动既可以是在企业统一规划下的正式活动(有专门的资金、人力、设施等资源配套),也可以是基于某个部门或个人创新思想的非正式活动(没有专门的资金、人力、设施等资源配套)。同时开发活动不一定必须经历开发过程的每一个阶段,它可以根据需要跳过某些阶段,或是几个阶段同时进行,因此具有相当大的灵活性。

（3）新服务开发包含的范围较广，从创新度最低的风格变化、产品线扩展到创新度最高的全新产品开发，都可以看作新服务开发的内容。

二、航空公司服务与产品开发的重要意义

随着经济的全球化和国际化，面对更为复杂的顾客需求和更为激烈的市场竞争环境，航空公司愈加认识到仅依赖于过去的成功很难生存，必须不断地创新，创造新产品和新服务，其生存与获利之道日益依赖于快速创新的能力以及创新的成功率。服务和产品开发是航空公司总体经营战略和市场营销决策的重要组成部分。它对航空公司将来的经营状况和前景有重大的影响。航空公司服务与产品开发的意义如下。

（一）促进企业的成长

促进企业的成长是开发新产品最根本的意义所在。据美国《研究与管理》杂志统计，大多数公司销售额和利润的30%～40%来自5年前还不属于本企业产品范围的那些产品，新产品已经在企业成长方面起了重要作用。近年来，世界上优秀的航空公司都逐步从整体上进行服务与产品开发，以保证自己企业独特的竞争优势，从而获得旅客的认同，以获取更多的市场份额。新加坡航空、国泰航空等都是这方面的佼佼者。

（二）对竞争做出反应

服务与产品开发可以维护企业的竞争地位。由于最先向市场投放某项新产品的企业总是少数一两家，其他企业特别是同行企业往往要对此做出反应，如扩大同类产品系列或品种、模仿或改进竞争者已经上市的产品、推出本企业的类似新产品等。反过来，前者又会对自己的新产品实行改进。总之，竞争双方都力图通过新产品开发去取得对某一特定市场的主导或支配地位。新加坡航空不是第一家采用波音双向宽带网络接入服务的航空公司，当时的汉莎航空公司、北欧航空公司都已经开始试用。但新加坡航空做的，是在应用方式、内容和功能上力争做到"与众不同"——这在很大程度上决定着新产品的产生。

（三）利用剩余的生产能力

开发适当的新产品可以使企业现有过剩的生产能力得到利用，同时实现更为均衡的生产。在固定成本不变的情况下，这样开发的新产品可能使总成本降低，提高企业资源利用率。经营定期航班的航空公司绝大部分是定期客运航班。航空公司要充分利用其生产能力：一是充分利用客货两用机的货舱运载能力；二是充分延长飞机的每天飞行时间，如夜间飞行。大多数航空公司都把货运作为公司的副产品。对公司来说，利用货舱能力可以不增加折旧成本和飞机飞行成本而获得可观的收入。如果利用夜间飞行，所增加的支出也只是一些飞行成本和销售费用，但可获得额外收入。所以，发展

货运和夜间飞行可以有效地利用剩余的生产能力提高公司收入，降低公司成本，使公司取得成本优势，增强竞争力。

三、航空公司服务与产品开发的内容

航空公司服务与产品开发内容可以分为两个方面：一是飞机及其使用方法，二是顾客服务的设计。

（一）飞机及其使用方法

飞机及其使用方法的设计主要体现航空公司产品的技术质量，可以借助工程技术和科学规划的方法加以实现。

1. 机队构成与座舱结构

针对不同的经营战略和目标顾客需要，可采用不同的机队构成与飞机座舱结构设计。低成本航空公司一般使用单一机型的机队和单一的舱位结构，在飞机上安排尽可能多的座位，以降低飞机维护和运输成本。但舱位结构必须符合安全标准，考虑到飞机结构强度和紧急撤离要求。顾客的舒适性也必须达到航空运输的基本要求。

2. 航线布局与航班计划

现实中的许多限制会影响到航空公司航线布局和航班计划的灵活性，包括政府对航空运输市场进入的管制、对航线运力的航班频率的限制，机场起降时段的稀缺，机场环境要求的限制等。商务旅客需要宽广的直飞航线网络、方便的航班时刻，并愿为此付高价，但这样会增加航空公司的运营成本。休闲旅客对中转旅行的方便性要求不高，但对价格敏感。近年来枢纽机场越来越拥挤，放松管制后普遍使用的枢纽辐射式航线系统受到冲击，"飞越枢纽"和"市场分裂"现象开始出现，人们越来越倾向于长航线上直飞的不中转航班，飞机制造商也推出了航程越来越长的系列飞机，受到了航空公司的欢迎。航空公司需要根据其经营战略和目标顾客的需要，进行科学合理的航线布局和航班时刻安排，形成自己的产品特色和竞争力。

3. 航班准点性

航班准点性与机队规划关系密切。使用成熟机型的新飞机，航班准点率最高。因此，追求航班准点率的航空公司要避免率先引进采用了很多新技术的新机型。航空公司还应该有定期更新飞机的计划，新加坡航空公司通过这一方法来保持航班准点率。其他决策因素包括是否投资提高飞机的自动着陆性能以减少天气的影响，如何计划飞机的维护成本与维护能力，航班计划安排中如何平衡飞机利用率与航班时刻的方便性、航班准点性，航班飞行时间计划等。

（二）顾客服务的设计

顾客服务的设计主要体现航空运输服务的功能质量，增加顾客对服务过程的满意度。

1. 销售服务

销售服务是在销售点对顾客提供的服务。航空运输产品销售渠道的多样性和销售方式的急剧变化给销售服务带来了很大的困难。航空公司可以在自己设立的市区售票点和机场销售柜台进行销售，也可以通过旅行社、互联网等媒介进行销售。顾客可使用个人电脑直接在网上向航空公司订票。还可采用联程销售的方式，换乘几家航空公司的飞机进行多航段旅行的旅客，只需向第一家航空公司订票，该航空公司负责联系其他航空公司，旅客只需付一次款，通过国际航空运输协会清算相关航空公司之间分配。

近年来的一些变化增加了销售服务的困难。首先是票价结构变得越来越复杂和不稳定。其次是航空运输市场的性质发生了变化，休闲旅客的比重越来越大，他们的旅行没有规律，不熟悉航空旅行的基本特点，喜欢带有复杂限制条件的低价促销机票。其三是随着航空运输管制的放松，机票销售的平均交易时间不断延长。定价自由使航空公司针对不同的细分市场使用不同的票价，顾客会通过不同途径货比三家，真正成交的比例不断降低。针对以上问题，航空公司应根据自己的经营战略，权衡销售成本和产品的易接近性，合理设计销售渠道，提高销售人员素质和服务水平。很多航空公司投入巨额资金开发全球分销系统，允许销售代理直接进入航空公司计算机订座系统进行订票，实现了更高水平的销售服务。

2. 机场服务

与产品设计的其他方面相似，航空公司的总体经营战略决定了它们的机场服务水平。低价航空公司把机场服务作为降低运行成本、实现盈利的主要领域。它们通常选择不拥挤的机场，顾客必须承受到达机场的不方便；由于值机柜台少，顾客办理值机手续的时间延长；不提供专门的候机室；登机过程简化成"先到先服务"，避免了提前安排座位的费用。

针对商务旅行市场的航空公司，机场服务近年来成了建立产品差异的主要方法。有的航空公司提供高档轿车免费接送顾客，顾客到达机场后，可使用专用的值机设备、安检通道、豪华候机室。在目的地机场，商务旅客可享受优先的行李服务，行李最先送达传送带。有的机场还设有到达休息室，供商务旅客在出席商务活动前进行休息。这些服务的提供成本很高，需要额外的人员和设备，增加了值机柜台和休息租金，航空公司必须通过提高票价或增加商务旅行市场份额来进行补偿。

3. 飞行服务

除了前面讨论的舱位结构与服务等级外，还有一些方面能影响到旅客在飞行中的感受。航空公司的机队规划是一个主要方面,波音、空客的飞机都各有特点,近年来推出的支线喷气机也宣称飞行高度更高、飞行更平稳,能为顾客带来更大利益。其次是乘务人员的服务态度及服务水平能否达到乘客对服务人员的角色期望。

机上服务也会发生许多成本,除了食品、饮料、娱乐引起的成本外,最主要的是乘务人员的工资、津贴、在外住宿费用等。合理的飞行服务水平同样应建立在航空公司总体经营战略之上。低价航空公司倾向于不用空中乘务人员,因为这类航空公司的客舱服务是非常有限的,但乘务员还兼有机上保安的作用,航空公司必须配备管理机构要求的最低数量的合格乘务员。有的航空公司可能超出这一最低要求,以保证更细致的机上服务。

第三节 航空公司生产决策与计划

一、生产计划概述

航空公司生产计划,又称航空公司运营计划。它的制定是一项非常重要的工作,其实质在于通过周密的组织和精确的计划,实现各生产资源的优化配置。它的质量的高低关系到航空公司生产经营活动的安全、正常和效益,市场化程度高的时候,生产计划的重要性就更加突出。

航空公司生产计划主要包括航班计划、飞机维修计划、销售计划、飞机排班计划、机组排班计划和航班运营飞行计划。这六者之间并不是孤立的,它们是紧密相连相互影响的。

二、航空公司生产决策计划的主要内容

(一)航空运输生产决策

1. 生产规模决策

生产规模决策主要决定航空运输生产的总任务量,即应该完成多少运输量、周转量或吞吐量。它是制订航班计划与航线运输生产计划的重要依据之一。生产规模决策是在一系列分析的基础上形成的。

2. 航线布置决策

航线布置是航空公司对所要经营的航线进行的全面规划与安排。航线布局过程,是航空公司选择运输市场、安排生产格局的过程;航线布局结果,是建立起航空公司的

产品架构。航线布置有以下原则：

第一，以市场需求为依据。旅客对航空运输的一般需求是能到任何地方去，出发和到达时间最合适，越快越好，用最经济的价格得到最多的服务。

第二，以自身条件为基础。航线布局必须充分考虑航空公司现有的以及规划期内可能达到的人力、物力、财力等各种资源条件。

第三，航线网络整体优化。

第四，注重经济效益。

第五，考虑竞争，注重发展。

（二）航空运输生产计划

1.航班计划

航班计划是航空公司根据市场及运力的变化对所飞航线以及运力在航线上的投放所做出的系统安排，是确定正班飞行的航线、机型、每周班次、班期、航班号及起飞时刻的计划。

为了适应空运市场的季节性变化，目前我国民航企业每年制订两次航班计划，一次叫夏秋航班计划，执行时间是三月下旬至十月下旬（具体日期根据日历确定，故每年均不尽相同）；另一次叫冬春航班计划，执行时间自十月下旬到来年三月下旬。

国内航线的夏秋航班安排意见，各航空公司要在上年的十二月底前报民航总局；冬春航班的安排意见，各航空公司应在当年的七月底前报民航总局。民航总局应在每年的二月下旬和九月下旬以前协调完毕，由各航空公司公布。

国际航线的夏秋航班安排意见，各航空公司要在上年十月以前报民航局；冬春航班的安排意见，各航空公司应在四月以前报给民航局。民航局在三月和十月前协调完毕，让各航空公司公布执行。

无论是夏秋航班还是冬春航班通常都需要提前10～12个月开始编制，提前150～180天编制出计划草案并汇总，提前50～80天进入销售系统，提前30～40天对外公布航班时刻表。

国际上对航空公司班期时刻表的公布有两种形式。一种是完全由航空公司自己决定公布，国家内有多少家航空公司就有多少个班期时刻表；另一种是各航空公司的班期时刻表经权威机构协调后，公布一个统一的班期时刻表。我国采用的是后一种形式，协调权在民航总局。当然也不排除个别航空公司不参加协调，自己公布、使用自己的班期时刻表。

每年两次航班计划的编制工作，由计划、航行、运输服务等部门协同办理，计划部门综合上报。具体分工如下：

（1）计划部门负责提出航线、机型、班次的安排意见，并对班期时刻进行平衡，综合上报。

（2）运输服务部门负责提出国内、国际航班的班期意见，并负责征求外航对我局国际航班班期时刻的意见。

（3）航行部门负责提出航班时刻意见。

2. 销售计划

航班计划下达以后，销售部据此制订每个航班的客货销售计划，其中主要包括：

（1）航班超售计划。旅客订票后并未购买或购票后在不通知航空公司的情况下放弃旅行，从而造成航班座位虚耗。为了满足更多旅客的出行需要和避免航空公司座位的浪费，航空公司会在部分容易出现座位虚耗的航班上进行适当的超售。这种做法对旅客和航空公司都有益，也是国际航空界的通行做法。

超售并不一定意味着已购客票的旅客无法乘机，对于超售的航班，持有订妥座位的有效客票的旅客，在绝大多数情况下都能成行。但在特殊情况下，可能会有个别旅客不能按时成行。对未成行的旅客，航空公司将酌情采取弥补措施。

目前尚没有明确规定航空公司必须给自愿放弃订座的旅客多少补偿。旅客可以与航空公司谈判，达到双方都可接受的价钱或其他条件。

（2）收益管理。收益管理是一种谋求收入最大化的新经营管理技术，诞生于20世纪80年代，是从航空运输的实际应用问题中产生的一个概念。它的许多理论来源于运筹学、管理科学、微观经济学等学科，是多学科的结合产物，已经有40多年的发展历史了。民航业是收益管理系统应用最早和迄今为止最成功的行业。

收益管理，又称产出管理、价格弹性管理，亦称效益管理或实时定价，它主要通过建立实时预测模型和对以市场细分为基础的需求行为分析，确定最佳的销售或服务价格。其核心是价格细分，亦称价格歧视，就是根据客户不同的需求特征和价格弹性向客户执行不同的价格标准。这种价格细分采用了一种客户划分标准，这些标准是一些合理的原则和限制性条件。这种划分标准的重要作用在于：通过价格分离将那些愿意并且能够消费得起的客户和为了使价格低一点而愿意改变自己消费方式的客户区分开，最大限度地开发市场潜在需求，提高效益。

收益管理计划就是对每个航班不同层次旅客订座情况的预测，优化航班的舱位等级划分，确定各舱位的票价、投放舱位数以及投放时间。由于这项工作的复杂性和必要性，其必须借助于收益管理分析软件来进行。

3. 飞机排班计划

飞机排班是航空公司生产计划中的一项控制性工作，其实质就是根据市场部下达的航班计划、每架飞机的技术状况以及飞机调度指令，为每个航班指定一架具体执行的飞机，又称飞机的机尾号分配。飞机排班是航空公司机队管理工作中的一个非常重要的工作,合理的飞机排班不仅有助于航班的安全、正点运行,而且还能提高机队的利用率,并便于飞行运营和机务维修工作的组织实施,能有效地降低运营及维护成本。在我国,飞机排班具体工作是由机务调度人员负责的。

在排班计划中应遵循以下的一些基本原则。

(1)航线运营限制。不同航线对允许运营的机型,甚至具体的机载设备配置都有详尽的要求,这些要求分别写入了航空公司的运行规范、机型手册中,并得到民航当局的批准。因此,在排班时,每一架飞机对于所运营的航线必须满足运营限制要求,这是保证运营安全与合法的需要。

(2)与航空时刻表中公布的机型尽量一致。航空时刻表中信息(航班时刻、机型)是航空公司对社会公开做出的服务承诺,因而对公司的经营行为是具有一定约束力的,公司内外各相关部门也主要依据航班时刻表制订自己的销售或旅行计划。

(3)与飞机的维护工作计划一致。

第一,既要避免因安排飞机而影响飞机的及时进场维护,又要避免因维护而造成不必要的地面停留时间过长,从而影响运营。

第二,避免在同一时段内出现多架飞机同时进场维护,从而造成人为的运力紧张和维护工作拥挤。

第三,在给即将接受维护工作的飞机安排航班任务时,应充分考虑到维护基地所在地的地理位置,尽量避免因为维护而空调飞机造成浪费。

第四,考虑飞机寿命的合理结构。

第五,提高飞机利用率。

第六,考虑飞机的过站时间要求。

第四节　航空公司的收益管理

一、航空公司收益管理的作用

收益管理的直接效果是在现有成本不变的情况下,通过有效地配置现有资源而提高航空公司的经济效益。但它并不仅仅是一个能提高收益的工具,也不仅仅是一个管理软件,而是管理理念的创新,其内涵的科学性和创新理念将给市场营销和管理带来新的理念和业务流程的重组,其作用是不容低估的。

第一,它有助于提高落后的管理水平。收益管理要求相关部门在收益管理思想的统一指导下相互配合、协同行动,其意义不仅在于增加经济效益,还在于更新现有的市场营销观念，提高人员的素质。它有助于提高企业的整体凝聚力和运作效率，使组织机构更加合理，提高整体管理水平。

第二，它有助于改善航空公司的经济效益。收益管理战略的实施，使航空公司能将潜在的客源转换为实实在在的乘机旅客，使航空公司的收益最大化，有效提升航空公司利润水平。这是十分明显且被国外多家航空公司实践证实的。

第三，为市场营销提供科学依据。收益管理战略的实施，使航空公司市场人员能更认真细致地研究市场，研究旅客的消费行为，通过科学预测，贴近市场需求，把握市场脉搏，并制定出正确的营销策略，确保航空公司在激烈的市场竞争中掌握先机，有的放矢，从而有效地提高航空公司的核心竞争力。

第四，收益管理要求航空公司要在不断评估需求、不断预测市场中做出不断变化的新决策，激发员工的积极性、创造性，使企业充满活力与创新精神。

第五，收益管理系统产生的大量宝贵数据不仅仅适用于系统内部，而且对航空公司其他决策可以提供重要的辅助决策作用。

二、我国航空公司收益管理的建立与实施

（一）政府主管部门要为收益管理创造大环境

研究先进的管理方法，并将其与企业管理实践相结合，这种不断研究、不断结合的过程，其实就是一种管理创新的过程。企业发展的根本动力是创新，而管理创新是企业创新的核心环节。在航空运输业内，研究与运用客运收益管理是管理创新的一个具体体现。航空公司客运收益管理适合的环境是：价格机制由各航空公司根据航线盈利情况和市场需求水平来形成。在中国市场经济发展的初级阶段，面对航空运输企业管理的基本现实，如何实施航空公司客运收益管理，我国的政府行业主管部门还有很多工作要做。

首先，政企分开是引入市场机制的根本保证，也是当前民航必须解决的深层次问题。目前，民航总局既是政府的行业主管部门，又代表国家对民航业的国有资产进行管理，这种集行政管理权和生产经营权为一身的双重身份决定了我国民航难以做到真正意义上的政企分开，造成宏观调控不力，对企业经营干预太多。民航总局既要管理市场，又要做企业的老板，结果是在政府职能与老板职能之间左右为难。政企不分的管理体制已经严重阻碍我国民航市场化的进程，必须尽快实施改革。同时，要提高政府职能部门驾驭市场的能力和水平，学会用市场经济的办法管理行业，树立以市场为导向的行业发展指导思想，加快民航市场化进程。行业政策的调整，要以市场需求变化为依据。行业管理的手段，要尽可能地运用市场经济杠杆实施间接调整。民航宏观

管理的核心内容，就是根据市场的情况实施有效的调控，在基本政策上一定要使其发展符合市场经济规律。

其次，培育竞争有序的航空运输市场，发挥市场配置资源的作用。价格是市场竞争的基本因素，在市场竞争中，价格竞争是首要的，其次才是产品、服务、质量、信誉的竞争。但我国的航空票价难以起到反映供求关系、调节资源配置、促进生产率提高的作用。在中国逐步发展市场经济的今天，生产资料的市场化、航空运输的替代行业的市场化以及市场需求的日趋多样化、差别化，都要求航空运输价格市场化。逐步放松并最终取消对票价的管制是适应市场经济需要的发展方向，由政府对票价折扣幅度进行限制是暂时的，针对我国航空运输市场供过于求、市场发育还不成熟，企业的自我约束机制也没有形成的现状，可以在政府管制价格政策中留有一定的价格浮动区间。统一定价不等于价格不动。市场是不断变动的，航空运输每一个区域、时段的市场变动并不是同步的。政府不可能根据市场的变动对价格做出及时准确的调整。因此，即使是政府定价，也要留有一定的价格浮动区间，使企业能够根据市场的变动和自身的情况确定实际价格。

第三，要加强管理，规范航空运输市场竞争秩序，创造公平竞争的环境。要尽快根据我国航空运输市场的特点，制定配套的法规规章，加强对市场的管理和监控。如果没有严格的管理，任何价格政策都不会有好的效果。

（二）航空公司要提高收益管理水平

在现在的市场环境里，我国航空公司已经能够借鉴和运用一些客运收益管理的思想和方法，如超售、团体管理等。从长远观点看，我国必然会放开或放松价格管制，我国航空公司的企业管理人员从现在起就应该学习和研究客运收益管理产生和发展的基本过程和基本原理，全面认真地分析中国航空公司企业基本现状，与国外航空公司对比哪些因素是相同的、哪些是相似的、哪些是不同的，为客运收益管理的建立与实施做好充分准备。

首先，要转变观念，改变市场营销思想。1997年底，民航的定价实践并不是真正的客运收益管理，当时几乎没有根据各航线市场的需求特征制定出与各舱位等级相应的限制条件，那只不过是一场单纯的降价大战，这种竞争的结果只能是两败俱伤。而航空公司收益管理是要建立以市场为导向的经营理念，面向市场，重视市场需求，通过合理地满足不同层次、不同类型的消费群体，提高航班收益。为此，必须抛弃长久以来单纯以"成本＋利润"定价指导思想，坚持以边际成本和边际效益来确定销售价格，用价格杠杆来调整和挖掘市场潜在的需求；必须抛弃盲目追随竞争对手和凭经验定价的习惯做法，坚持量化的市场调查与定价分析；必须抛弃片面追求客座率和市场占有率的思想，坚持以实际收益来评估航线经营成果。

其次，按照航空公司客运收益管理系统的基本要求，系统规范地重新设计航空公司相应的业务组织和业务流程。客运收益管理系统的实施，需要航空公司内部多个部门的参与和配合，要求在航空公司的决策层有一个权威角色，能在航空公司协调涉及客运收益管理的各部门之间的工作。要充分做好数据准备工作。航空公司客运收益管理系统需要的数据是大量和广泛的，它不仅需要航空公司内部的历史数据，如票价、订座情况、航班编排等数据，还需要影响航空公司需求的外部数据，如经济发展、自然地理、地区政策等；同时，对旅客特征的分析数据，如旅客对特定舱位机票售完后的反应及旅客需求弹性分析都要有一定的数据积累。

第三，寻找适合航空公司自身规模与环境的产品，即计算机业务管理系统。航空公司客运收益管理的实施在很大程度上要依赖计算机技术，要按照信息系统建设的基本方法进行相应的项目可行性研究，评估项目实施风险和收益，系统分析、系统设计、系统实施，直至大规模的系统建立。在整个系统的建立中，注意循序渐进，分阶段实施，例如在目前国内市场暂时没有放松价格管理体制的情况下，先在国际航线实施收益管理，为系统的全面实施摸索总结重要经验。

第四，培养高素质人才。航空公司客运收益管理是集多种学科理论和航空公司运输实践为一身的管理方法，借助于计算机的容量和运算速度，收集、整理、分析数据，准确预测需求的变化规律，要求管理人员具备较强的逻辑分析与推理能力，了解航空市场的变化规律。国外的运行实践证明，航空公司收益管理的运行磨合期平均为4~5年，美国航空公司中收益管理系统工作人员很多人都是MBA。没有高素质的管理人员，就不会有良好的航空公司客运收益管理系统。

第五，引导旅客。航空公司收益管理面对旅客是以多级票价为依托，针对不同层次的需求，配合有关限制条件而实行的。作为航空市场的消费者，旅客是否能够接受这种销售方式、是否接受这些限制条件以及是否遵守规则，也是航空公司客运收益管理能否得以顺利实施的关键，因此航空公司要引导旅客接受收益管理的思想。

收益管理是国外航空公司在市场营销管理活动过程中摸索总结出的行之有效的现代市场营销管理原理和业务管理系统，对我们处于发展阶段的国内航空公司引进现代市场营销理念、改进市场营销管理方法、提高市场营销管理水平具有十分重要的现实意义。

第五节　航空公司的服务与质量控制

一、航空服务的质量特点

有形产品的大小、款式、功能等由企业事先设计好，其质量能够较明晰和客观地把握，在产品的各个环节进行标准化控制后就可以实现一个产品质量的不断提高。但服务质量与有形产品相比较难被顾客评价，服务质量的构成包含相对复杂的诸多因素，具有明显的综合性特点。

首先，服务质量是一种主观质量，没有统一的评判标准。服务质量的好坏取决于接受服务者的体验和感受，而体验和感受是非常个体化的因素，不同的顾客在接受同样的服务时感受有差异，即使是同一顾客在不同的客观环境下受到情绪、心理等因素的影响，对服务的感受也不同。其次，服务质量的形成不只取决于提供服务的一方，还受顾客本身的影响。服务质量形成过程中，顾客的参与度高，影响力就大。最后，普通产品质量是结果质量，而服务质量是过程质量。服务质量是提供服务者与顾客之间互动的动态过程，即使一个服务提供的过程多数很好只有个别环节很糟糕，都不可能得到好的服务质量结果。

航空运输服务是复杂程度较高的服务，整个运输过程从安全到舒适，涉及的环节众多，对于参与服务的各个环节以及各环节上的人员要求各异，影响其质量的要素是贯穿航空运输企业的一系列相对独立又紧密相连的环节和人员。

二、航空服务质量的关键接触点

服务当中的接触点是影响服务质量的关键。航空业服务的接触点按照接触点的位移，分别有售票环节，地面地服环节和舱内环节。

（一）营销接触点

营销的任务是找到顾客，让顾客来感受自己提供的服务。营销环节的接触点作为服务链条上第一个环节，对于整个服务产品的质量起到引领和开篇的作用。在传统销售形式下，航企不断改善购票环境增加便利性；增加售票网点增强覆盖率；提高旅客购票以及购票后退改签的便利性。售票人员方面，在工作人员的形象、态度、着装等这些能够影响顾客初步感受的方面进行持续的培训和改进。

随着电子商务的普及，顾客不直接接触到营销人员就可以完成购买行为。航企开辟的电子商务渠道的多寡、平台的适用性及网上订购后客票退改签等相关服务是否及时便利等影响到服务质量。这种变化使航空公司可以摆脱固定资产的大额投资，同时招聘人员和培训工作的重点也发生很大变化。随着新技术的创新和应用，营销接触点还将更多地转向后台服务，这个接触点越来越虚拟化了。

（二）地面接触点

地面接触点是至关重要的一点，地面服务人员的意识行为将更多地影响服务产品的质量。尤其在航班不正常、服务产品本身已经出现了质量损失的情况下，提升地面服务质量可以起到两个作用，一是将这种质量损失降低到最低，二是利用地面服务弥补旅客损失，甚至超越旅客期望，起到升华服务产品质量的作用。但地面接触点的机场的安检、休息室、餐食店等是航空公司选择的外包服务，属于无法自主选择的服务，这些虽然也直接影响到旅客的感受，却不是航空公司可以完全掌握的，航空公司只能通过加强协调，或者入股项目，甚至自己设置（例如贵宾休息室）等措施来提高这些环节的服务水平。

（三）客舱接触点

客舱服务与地面服务不同，它完全可由航企控制、提高。客舱服务包括硬件和软件方面，硬件指舱内各种娱乐、保障及餐饮等，软件则主要指乘务员提供的客舱服务。舱内服务对旅客的心理感受来讲，软件的作用大于硬件。一个素质高而亲切的乘务人员提供令旅客如沐春风的客舱服务，在一定程度上可以抵消硬件设施的不足。但是如果客舱服务未获得旅客认可，甚至发生不愉快的体验，再好的硬件服务都无法抵消和补偿，必定影响旅客对于公司整体服务产品的感受。

三、如何进行航空服务质量控制

有效提高航空服务产品的质量，首先要根据服务质量是一系列服务过程的综合感受这个特点，进行过程控制，对过程中涉及的各种因素进行综合的控制，从而提升整体服务质量。

（一）工作标准控制

首先，从工作内容上进行控制。要求服务人员准确、快速地解答旅客疑问，让他们及时获得关心的信息。后续服务环节如机场值机的标准流程、机场各种登机引导和服务；特殊旅客的前期服务及至客舱内的服务逐条逐项都有设定的标准，标准的制定是直接明确的。其次，对工作场所的标准设置、服务人员的仪容着装等形式方面进行统一、严格控制。

（二）服务人员素质引导

服务人员素质引导即对人员的控制。服务如果单纯依靠刻板的制度和标准，只能保证基本的质量，对服务质量的提升作用还很不够。下面从两个方面阐述服务人员必须具备的基本素质。

（1）服务意识。服务意识是服务的精神驱动，服务如果是被自觉自愿的意识驱动，服务人员在工作中就会从自觉自愿去发现为旅客服务的点，延展为旅客服务的内容，从而提升服务的档次。提升服务意识，不能单纯依靠教育和灌输，要求公司在调配服务人员的同时应关注服务人员的素质和特性。例如，尽量挑选本性就热情乐观愿意帮助人的工作人员去从事服务工作而不是选择生来冷漠、内向木讷的人去从事直接面对旅客的工作。

（2）沟通方式。沟通是服务工作的载体，沟通技巧对于保障沟通的成功大有帮助。沟通技巧是服务人员面对不同的旅客，在各种复杂的环境下成功完成服务工作的一种能力。在航空服务链条的各项接触点上，突发事件及不正常事件时有发生，航班延误、取消，客舱内旅客的各种突发状况，应对这些需要服务人员有圆熟的沟通技巧，给旅客带来安心和愉快的体验，或者在不利的环境下控制住局面，使旅客保持正常的心态。沟通技巧的培养，一是加强业务和工作流程的训练，业务精通，流程顺畅会给旅客带来安心和信任，有利于问题的解决和服务的顺利完成。二是工作经验的培养，在工作中不断磨炼，见识各样的场面和旅客，在实践中提高各种场景下的沟通技巧。

（三）整体控制

服务工作对于航空公司来讲是整体的、全局性的工作，各公司千方百计提高服务水平，以期在市场竞争中获得优势，对于服务质量的控制必须是全局的、整体的控制。如果只是某个环节有提高，旅客在这个环节得到了很好的服务，但是在另外的环节又发生了不愉快的体验，而往往较差的体验给人的印象更深刻，完全冲淡甚至湮灭了之前环节得到的优秀服务的体验，这对公司的形象会产生不利影响。

整体控制首先包括对工作过程的完全控制，即对服务链条上的每个环节逐一控制，不放过任何一个关系到服务质量的点。其次是对于人员的控制，提高员工素质，提高服务意识。人员首先是指直接参与服务的人员，但不仅限于直接参与直接服务的人员，全员控制是保证企业能够输出优秀的产品的前提，每个员工的工作状态都会直接或者间接地影响客户的体验，提高全员素质才是提高本企业服务质量的根本举措。

（四）企业文化

企业文化是企业个性意识及内涵的总称，可将其划分在整体控制的范畴。利用企业文化价值观认同的特点，营造良好的企业氛围，使服务外部顾客和服务内部员工成为自觉自愿的行动。一旦在企业内部形成这样的文化，企业输出的服务产品的总体质量将得到质的提升。

综上所述，对于航空公司而言，服务已经成为企业参与市场竞争的重中之重，重视服务质量，进行整体控制，才能确保在越来越激烈的市场竞争中占有一席之地。

参考文献

[1] 蔡景, 许娟. 民用航空器适航管理 [M]. 北京: 北京航空航天大学出版社, 2018.

[2] 符长青, 符晓勤, 马宇平. 航空型号工程项目管理 [M]. 西安: 西北工业大学出版社, 2017.

[3] 顾伟芳. 航空安保基础与管理实践 [M]. 北京: 中国民航出版社, 2015.

[4] 刘海英, 范薇, 栾玲, 黄希. 民用航空地面服务与管理 [M]. 北京: 首都经济贸易大学出版社, 2018.

[5] 刘昊阳著. 航空安保管理 [M]. 北京: 中国民航出版社, 2014.

[6] 罗凤娥, 骆晨, 孙立新. 航空公司运行安全管理 [M]. 成都: 西南交通大学出版社, 2021.

[7] 魏全斌. 航空公司运营管理 [M]. 北京: 中国民航出版社, 2017.

[8] 杨文锋. 民用航空质量管理理论与应用 [M]. 成都: 西南交通大学出版社, 2015.

[9] 苑春林. 高等院校物流管理与航空运输专业教材 航空运输管理 [M]. 北京: 中国经济出版社, 2018.

[10] 张攀科, 罗帆. 通用航空水上机场安全风险管理研究 [M]. 北京: 中国经济出版社, 2022.

[11] 周蔷. 航空收益管理中的定价模型研究 [M]. 南京: 东南大学出版社, 2015.